JN217275

広島テレビアナウンサー
森 拓磨
Mori Takuma

黒田博樹 人を導く言葉

エースの背中を追い続けた15年

黒田博樹

人を導く言葉

エースの背中を追い続けた15年

はじめに

〝グラウンド以外の、食事の席などで聞いた話を放送で言わない〟

はっきり約束したわけではない。しかし、これが黒田さんと付き合ううえでの、私にとっての暗黙のルールだった――。

2014年の暮れ、黒田博樹投手のカープ電撃復帰を伝えるニュースから始まったいわゆる「男気伝説」は、2年後の2016年、カープの25年ぶりとなるリーグ優勝で歓喜のフィナーレを迎えた。カープファンの誰もがこの映画のような、ドラマチックな物語の完結に涙を流し、心を震わせた。

私は黒田博樹という人間が大好きだ。現役を引退した最近も、一緒に食事をし、お酒を酌み交わした夜、ほろ酔いで帰宅した私は、「やっぱり黒田さん好きやわぁ。すごい人やぁ。かっこいいわ〜」と奥さんに対して寝言のように言っていたらしい（正直よく覚えていないくらいおいしいお酒だった）。

そんな私だが、2015年当初の「男気フィーバー」の頃、その熱気に少しの戸惑いを覚えていたのも事実である。「メジャーリーグに行く前から黒田さんと仲良くさせてもらった」と言えば（誤解しないでいただきたいのは、私が特別仲良くさせてもらっているのではなく、その大勢のうちの一人だということだ。私より深い付き合いをされている方々は当然たくさんいる）、「黒田さんはどんな人だ？」「普段どんな話をするんだ？」とみんな目を輝かせる。

当然だ。20億円とも言われる契約オファーがありながら、カープへの想いから帰ってくることを選んだ現役バリバリのメジャーリーガー。そのお金でも名誉でもなく、カープへの想いを貫き通した生きざまに、一躍日本中から熱い視線が注がれるようになったのだ。

ただ……私の気持ちの準備ができていなかった。カープファン仲間の日本テレビ・

桝太一アナウンサーの言葉を借りると、「まるで仲良くしてもらっていた近所のお兄さんが、急に国民的アイドルにでもなったかのよう」だったのだ。

黒田さんと知り合いだと言った時の相手の反応が大きく変わった。私は何もしていないのに、「スゴイじゃないか！」と言われるようになった。黒田さんを利用しているような気がしたので、黒田さんと仲良くさせてもらっていることは、あまり人に言わなくなった。

しかし、黒田さんを取り巻く環境が変わっても、黒田さん自身は昔から本当に何も変わらない。カープでエースになろうとしていた時も、日本球界を代表する投手へと成長した時も、カープを背負って海を渡った時も、名門ヤンキースで活躍していた時も……。いつも同じだ。

〝黒田博樹は、急に男気・黒田博樹になったわけではない〟

男気フィーバーに対して私が感じた戸惑いはおそらくここから来ている。

黒田さんはいつも黒田さんだった。若手時代から見せていたプロとしての強い自覚、マウンドに全身全霊を捧げるカープのエースとしての責任感、ＦＡ騒動の中で貫いたカープ愛、どれも黒田さんの男気である。付け加えると黒田さん自身は自分が特別なことをしているとは思っていない。私が見てきた15年間、いやもっと前から黒田さんはその人間性や生きざまで広島のファンに喜びや感動を与えてきたのだ。

とは言っても、今では広島市民球場を知らないカープファンが出てきている。それと同じように海を渡る前の黒田さんをよく知らないというファンも少しずつ増えてきているのは事実だ。

黒田さんの男気（黒田さんは「男気」と言われることにあまりピンとは来ていないが、「男気＝黒田さんの人間性や生きざま」という世間の認識を踏まえ、ここでは使うことにする）は、昨日今日で生まれたものではない。メジャーに挑戦する前から、カープのエースとして奮闘していた頃から、私が目の当たりにしてきた男気。さらには懐の深い、まわりに笑顔を生む人間としての魅力。そんな黒田さんの姿を、もっと多くの人に知ってほしいという思いが、だんだん私の中で強くなっていった。20億円のオファーを蹴ってカープに帰ってきた黒田さんの選択も確かに男気と言えるであろう。しかし、黒田さんの魅力を表すエピソードはまだまだたくさんあるのだ。数十年カープを見てきた大先輩からすれば生意気ではあるが、私の中ではそんな気持ちだったのだと思う。

冒頭で書いたように、グラウンド以外での話は出せない。しかし、グラウンド以外の話をしないと、私が知る黒田さんの素顔を伝えることはできない。後述しているウイニングボールのエピソードも、これまで一度も放送で言ったことのない話だ。そこで私は黒田さんに直接お願いすることにした。

「黒田さん、もし現役を引退するようなことがあればその時、これまでのことを本に書いてもいいですか?」

「おぉ、勝手にせぇよ」

黒田さんは照れくさそうに笑っていた。冗談だと思ったのかもしれない。まだこの時は現役だったから、私もそれ以上しつこくは言わなかった。と同時に、「本気だということをきちんと伝えないといけない」とも思った。判断してもらうも何も、とにかくできたものを持っていかないことには話が進まない。だからこそ、私はまず書くことにした。口先だけでなく、行動で示すという黒田さんの生きざまから考えると、こうする他はない。

それから私はこれまで見てきた黒田さんの生き方をまとめはじめた。すでに黒田さん本人が自分の人生を本にされているので、基本的には私が間近で見てきた黒田さんのエピソードを中心に書かせてもらった。他人が見る姿から、また新たな黒田さんの魅力を知ってもらえるかもしれないと思ったのだ。

また、改めてまとめる作業をしていくうちに、ひとつ気づかされたことがある。黒田さんの一つ一つの言動を並べると、プロ野球選手としてだけでなく、一人の人間としての「みちしるべ」にもなるのではないかということだ。

黒田さんの生き方というのは、我々のようなサラリーマンにも学ぶところが大いにあると私は思っている。だからこそ本書は、僭越ながら私の人生を照らし、正しい方向へと導いてくれた黒田さんの「印象的な言葉」に焦点を当てることにした。

魅力的な人間とは。尊敬を集める人間とは。恥ずかしくない生き方とは。そんな人生のヒントとなるように、黒田さんの数々の言葉を紹介している。

私がアナウンサーとなり、以降15年間で聞いてきた黒田さんの言葉を振り返ってみると、自分が黒田さんの言葉にどれだけ大きな影響を受けてきたのかが再確認できる。さらに、こういう男でありたいという憧れの思いもますます強くなっているところだ。

縁あって交流が生まれ、触れることができた黒田さんの人間性。黒田博樹という一人の人間の魅力をもっと深く知ってもらい、そして黒田さんの言葉を人生のヒントにしてもらえれば、私にとってこれ以上の黒田さんへの恩返しはないと思っている。

目次

第3章 黒田さんに聞かれた本気 2005年 55

第4章 88勝目のウイニングボール 2006年 87

第5章 海を渡る日 2007年

第6章 メジャーリーグ 2008〜2014年 149

第7章 最高の引き際 2015〜2016年 167

第1章
黒田さんとの出会い
2002~2003年

2002年　23試合　10勝10敗　防御率3.67
2003年　28試合　13勝 9敗　防御率3.11

憧れのプロ野球選手

黒田さんを初めて取材したのは2002年。私はまだ広島テレビに入社して1年目だ。数カ月前までスタンドから見ていた野球選手をグラウンドで取材する立場となり、間近で見るプロの体格に圧倒されていた新人時代だった。

一方で、当時プロ6年目を迎えていた黒田さんはというと、前年2001年に初めて二桁勝利をマークし、オールスターにも初出場。この2002年は腰の痛みや、母の他界などの苦難を跳ね返し、2年連続の二桁勝利を達成した年である。すでにカープでは、当時のエースだった佐々岡真司投手（現カープ二軍投手コーチ）の後継者として、真っ先に名前が挙がるようになっていた。

しかし、間近で取材するようになったとはいえ、私など黒田さんにとっては大勢いるカープ担当取材陣の中の一人。そして私自身も一人のカープファン、野球ファンとしてまだまだ憧れの目で黒田さんを見ていたと思う。単なるいちファンだった人間が、突然憧れの存在と話をしろと言われても、みずから距離を縮めて声をかける度胸などあるはずもない。

選手に取材をする時は、前日の夜から質問を練りに練って考える。この答えが返ってきたら次はこの質問をしようというように、何パターンもシミュレーションしながら思い悩むのだ。新人アナウンサーなんて大半がそんな感じだと思うし、少なくとも私はそうだった。

しかも、選手に話を聞けるタイミングは、練習を終えてグラウンドからロッカールームに引き上げてくるほんのわずかな時間のみ。顔なじみやベテランの記者たちが談笑しながら取材している横で一言も声をかけられなかったなんてことはザラにある。

なかには、選手経験があって○○高校で甲子園に出て対戦したとか、神宮大会で○○選手と一緒になったとか、初取材からロケットスタートを切るような羨ましい新人記者もたまにいるが、それはあくまで例外。私が黒田さんと特別な付き合いをさせてもらうようになるのはもう少し後の話になる。

"気持ち"を伝えるのは言葉だけではない

私が右も左も分からない新人アナウンサーになった頃、黒田さんはすでに大きな期待を背負うカープの主力投手。一人のカープファン、野球ファンとして、世代の近い

（黒田さんのほうが3歳年上）本格派右腕の活躍を楽しみにしていた新人時代だ。

他の業界と同じように、入社して2カ月近く経っても新人には覚えなければいけない仕事は山ほどあった。新人アナウンサーにとってまずメインになる仕事は、いわゆる「定時ニュース」と呼ばれるものになる。お昼や夜9時前、あるいは深夜に放送する、あの2分ほどの短いニュースだ。新人だけにそのニュースの準備にもたくさんの時間が必要になるし、そのニュースの合間に発声練習を行い、地名・駅名を覚え、難読漢字を勉強する。こうして基礎を固めていくのだ。

広島テレビで男性アナを志すほとんどの人間は、スポーツ中継に携わりたくて入社してくる。実況アナウンサーが目標のひとつなのだ。もちろん私もその一人だったが、当時は新人がいきなり球場へ取材に行くということはあまり許されなかった。選手や球団に何か失礼があって会社にまで迷惑をかけるようなことが起きないようにだ。まだまだプロ野球中継に関われるほどの能力も経験もなかった私は、もっぱらテレビ中継を見て野球の勉強をすることが多かった。

2002年5月24日のジャイアンツ戦のこと。その日も会社でスコアをつけながら試合を見ていた。

開幕2戦目のシーズン初登板で勝ち星を挙げた黒田さんだったが、腰痛の影響で

4月途中に一軍登録を抹消され、この日は復帰登板に臨む試合だった。結果は9回124球を一人で投げ切り、13奪三振の完封勝利。まさに圧巻のピッチングだったが、野球について勉強中だった私にとって、ピッチング内容より印象的だったのが、試合後のヒーローインタビューだった。

「ナイスピッチングでした！」と声をかけられるも、黒田さんは言葉に詰まる。ケガでチームを離れ、その復帰戦で完封勝利を挙げることができた黒田さんの胸には、溢れる思いがあったのだろう。少し時間を置いて「……はい、良かったです」と答えるのが精一杯だった。

多くを語らなくても思いが伝わる選手はいる。マウンドでの立ち居振る舞いやガッツポーズ、ベンチでの表情。そしてこういった溢れ出る感情だ。記憶に残るシーンというのは得てしてそういう瞬間なのかもしれない。

黒田さんは決して多くを語るタイプではないが、それでも記憶に残る名シーンや名言をいくつも残している。そこに計算や演出は一切なく、あるのは黒田博樹という男の生き方だ。その後も私は、黒田さんの感情が溢れ出る瞬間に何度も心を揺さぶられることになる。

打倒巨人に秘められた想い

この年に黒田さんがマークした10勝のうち、3勝を挙げたのが巨人戦だった。1997年4月25日に挙げたプロ初勝利も巨人戦だったし、「巨人キラー」としての印象が、この頃の黒田さんは強かったように思う。

そういえば、広島テレビの取材が黒田さんの実家にお邪魔させてもらった時、南海ホークスで活躍した元プロ野球選手でもある父・一博さんがこのように話していた。

「日本シリーズの恨みを、そう言ったらジャイアンツに悪いですけど、息子が晴らしてくれました」

南海時代、日本シリーズで巨人と3度対戦したものの、「3回とも勝てませんでした」と笑いながら振り返っていた一博さん。実家には一博さんの現役時代の写真や、自身が監督を務める少年野球チームで、息子である黒田さんと一緒に写る集合写真などが飾られていた。どのユニフォーム姿も、同じプロ野球の道に進んだ親と子をつなぐ大切な記録だ。

さらに当時はまだ、黒田さんの実家がある大阪に全国中継されるのは巨人戦ぐらいだった。テレビで黒田さんの活躍が見られることを楽しみにしていたはずの一博さん。母・靖子さんもマウンドに立つ息子を映すテレビモニターに手を合わせ、祈りながら戦況を見つめていた。

巨人戦の全国中継が、大阪で暮らす両親と広島で奮闘する息子をつなぐ接点だとしたら、巨人戦でぶざまな姿を見せるわけにはいかない。同列で語るのはおこがましいが、私も地元・福岡を離れて地方局のアナウンサーをしている身。自分の仕事ぶりを故郷の両親に見せることができたらいいのにと思ったことは一度や二度ではない。

黒田さんが「巨人キラー」となったのには、〝両親への想い〟という理由がある。これはもちろん私の勝手な憶測でしかないのだが。

責任感を武器にする強さ

私のアナウンサー1年目は、結局、黒田さんと一対一で話をするようなことは一切なく終わっていった。いや、黒田さんに限らずほとんどの選手とまともに会話をすることはなかったように記憶している。

球場にもなかなか行かせてもらえない。行ったとしても、試合前の練習終わりや試合後に、大勢の取材陣で一人の選手に話を聞く、いわゆる〝囲み取材〟の輪に加わるのが精一杯だった。その状況に焦りを感じていたのも事実である。

しかし、こうした取材の蓄積をして学び続けることで、選手と一対一で話ができるような素養を身に付けていくのだ。これはスポーツアナウンサーが皆通っていく道なのだと、少しではあるが経験を積んだ今だからこそ言える。

スポーツアナ、実況アナの仕事は、その多くがこういった記者としての取材活動で占められている。ただ目の前のプレーをそのまま実況するだけではなく、合間に差し込む選手の話、いわゆるネタを取材で仕入れるのだ。そうすることで選手の個性や競技の魅力をより深く感じてもらいたいと思っている。

それには選手と会話ができる関係性や話を引き出す能力が必要なのは言うまでもない。だからこそ将来実況できる日を目指して、取材力を磨き、選手との関係性を築き、独自のネタをコツコツと貯めていくのだ。

まだ囲み取材でしか選手の話を聞けなかった頃、早く個人で取材できるようになりたかった私は、毎週日曜日の夜に広島テレビで放送している『進め!スポーツ元気丸』（以下、『元気丸』と表記）というスポーツ番組において、呼ばれてもいないのに資料準備やお茶出しといったスタッフの手伝いをするため生放送の現場に顔を出していた。こうすることで、私は何とか選手を個人で取材する機会を得ようとしていたのだ。

迎えた入社2年目の2003年は、黒田さんがついに開幕投手となった年である。いよいよ誕生したカープの若きエースに、心躍ったファンも多いのではないだろうか。

しかし、この年の前半戦、黒田さんは本当に勝てなかった。7月半ばまで15試合に投げて3勝7敗、防御率4・28という数字は、エースと呼ぶには厳しい成績だった。そして6月にはついに、故障ではなく再調整で一軍登録を抹消され、二軍でミニキャンプを行う事態になってしまったのだ。この頃の心境を少し言いよどみながらも、『元気丸』のインタビューで後に語ってくれている。

「今だから言えますけど、マウンドに上がりたくないのが一番で投げたくないという気持ちが強かった」

黒田さんにとって、この2003年は今までとは違う立場でスタートを切った年だ。大きな期待を背負う開幕投手としてチームを勝利に導くも、次の登板ではジャイアンツ相手に0対1という無念の完投負け。そこから勝ち運に見放され、投げても投げても勝ち星がつかない。開幕から3カ月経っても3勝しか挙げられていない現実に、黒田さんは打ちのめされていたのだと思う。

しかし、逃げたい気持ちなど微塵も感じさせず、堂々とマウンドに上がり続けた。のちに黒田さんが現役を終えるその時まで持ち続けた「責任感」という大きな武器を、この言葉からすでに感じることができる。

こんな状況だったからこそ、前半戦の不振から一転、後半戦の黒田さんの活躍は私たちカープファンに衝撃を与えた。後半戦13試合で、8連勝を含む10勝を数えたのだ。シーズンを終えてみると、13勝9敗で4つの勝ち越し。さらに、この年のセ・リーグで200投球回をクリアしたのは、黒田さんと上原浩治投手（当時読売ジャイアンツ）、井川慶投手（当時阪神タイガース）の3人のみだったのだ。序盤の苦しみから這い上がり、最終的にはエースとして文句なしの成績をたたき出したシーズン。チームにエースはただ一人。そしてそのエースになるということは、並大抵のことではない。この頃の黒田さんの姿から、私が教えられたことである。

責任感は時に大きな重荷となり、プレッシャーという敵も生み出す。しかし、黒田さんにはこの責任感を勇気や向上心につなげる強さがあった。

知れば知るほど、プロ野球選手として、一人の人間として感じる黒田博樹という男の魅力。しかし、この2003年も私が黒田さんと一対一で話をする機会は最後まで訪れなかった。

現状維持に対する危機感

黒田さんと私、というより黒田さんと、私が所属する広島テレビとの縁が一気に深くなるのは、２００４年の1月まで時間を進めなければいけない。

初の開幕投手を務め、13勝９敗の好成績を収めたこの２００３年のシーズンオフ、黒田さんは新たな試みに挑戦した。それがプロ野球人生において初となる海外での自主トレである。当時のチームリーダーだった野村謙二郎選手（現野球解説者）が黒田さんをアメリカでの合同自主トレに誘ったのだ。

「今年うまくいったからといって、来年もうまくいく保証なんてどこにもない」

この言葉は、その後の付き合いを通して何度も聞くことになる黒田さんの口癖みたいなものである。人間は一度成功を収めると、それを守りたくなるものだ。成功した時と同じ準備や手順を繰り返すことが、次の成功への最善策だと考えるのは当然と言っていい。

しかし、黒田さんは決して守りに入ることがない。たとえ好成績を残したとしても変えることをまったく恐れないのだ。むしろ現状維持に対して危機感を持っているかのようだった。確かに、まわりが成長しているのに自分だけが現状維持では、実質的に後退したことと同じ。満足したらそこで成長は終わりということである。

果たして、私はこれほどの向上心をもって仕事に取り組めるだろうか。もちろん私は勝負の世界に生きるアスリートではないが、黒田さんを見ていると、いつもプロとしての心構えを考えさせられる。

海外自主トレで得た収穫

海外自主トレは、野村さんと黒田さん、それにトレーナーを加えた3人で行うことになっていた。キャンプ地に選んだのはアメリカ・アリゾナ州のフェニックスシティ。1月でも昼間の気温は20度前後まで上がり、メジャー球団のスプリングトレーニングも行われる。数多くの球場やトレーニング施設が集まり、最近では北海道日本ハムファイターズもキャンプを行った。

　このフェニックスシティには、Physiotherapy Associates（フィジョセラピー・アソシエイト）という主に野球選手を対象にしたトレーニング施設があり、黒田さんたちはここを拠点に自主トレを行った。施設のオーナーであるキース・コーカー氏は著名な理学療法士でもある。ここで野球選手にとって重要な股関節の可動域をコーカー氏にチェックしてもらい、トレーニングのアドバイスをもらうことが、この自主トレを企画した野村さんの狙いだった。37歳となり、「正直長く野球ができる年齢とは思っていない」と打ち明けた野村さんだったが、この時点で2000本安打に向けて残り152本。「この数字に向けて貪欲にやっていきたい」と、大記録達成へ挑む意気込みを熱く語っていた。

　もちろん同行した黒田さんも、下半身のバランス強化を徹底して行っていたのだが、本人にとって大きな収穫となったことがもうひとつあった。長く野球を続けるため、体の細部にいたるまでチェックし、鍛えようと努力する先輩の姿を間近で見られたことだ。黒田さん自身もこの自主トレについて、のちにこう振り返っている。

「野手である野村さんから吸収することがたくさんあった」

年齢を重ねていけば、体は思うように動かなくなる。悲鳴を上げる部位も出てくる。この自主トレから十数年後、ヤンキースからカープに電撃復帰し、冷静に自身の体を見つめながら黙々と先発登板への準備を進めていた黒田さんの姿は、この当時の野村さんに重なるところがあるのだ。

二人とも1年間離脱することなく戦うことが主力選手の義務であり責任だと考えている。特に黒田さんは人一倍その気持ちが強かった。

そして、この海外自主トレの内容を知って私が一番驚いたのは、野手と投手が二人でトレーニングをするという点だ。通常、練習内容が大きく異なることから、投手は投手、野手は野手で自主トレを行うことが多い。しかし、先入観にとらわれない黒田さんは、野手である野村さんからも貪欲にいろいろ学び、吸収していったのだ。

新しい経験や学びの場というのは、時として先入観や常識の外側にある。自分と同じ投手だけでなく、野手にも野球選手として、あるいはプロとして学ぶべき部分がたくさんあることを黒田さんはこの自主トレで学んでいった。こんな黒田さんだからこそ、後に新井貴浩選手と投手野手の垣根を越えた盟友になることができたのではないだろうか。

不可能な目標を追い求める

アリゾナ自主トレの話に戻そう。黒田さんはこの自主トレでもうひとつある取り組みを行っていた。現役メジャーリーガー直伝の新球への挑戦である。

拠点としたフィジョセラピー・アソシエイトには、黒田さんや野村さんと同じタイミングでトレーニングをしている多くの野球選手がいた。その中の一人であるメジャーリーガーに黒田さんは教えを請うたのだ。

その選手の名はデリック・ターンボウ。２００３年はアナハイム・エンゼルスで11試合に登板し、防御率０・59を記録。２年後の２００５年には、ミルウォーキー・ブルワーズで39セーブをマークした投手だ。

このターンボウに黒田さんはチェンジアップの握りを教わっている。この頃の黒田さんといえば、１５０キロの速球とキレのあるスライダー、そして落差のあるフォークが投球の三本柱。ここにチェンジアップを加えて投球の幅を広げ、投手としてさらなる高みを目指そうとしていたのだ。

「そりゃ、絶対に打たれへん球投げたいやろ」

その後、親交を深めていく中で、食事の席などで何度も聞くことになる黒田さんの究極の理想である。どんなことがあっても絶対に打たれないボール。「絶対バットに当たらないボール」という表現も黒田さんはしていた。もちろん、この世に絶対というものはおおよそ存在しないということは黒田さん自身も分かっているが、絶対に打たれない球を追い求めるその姿勢は本気だった。不可能な目標を本気で追い続けるからこそ、満足することがないのだ。

密着取材で生まれた縁

さて、この海外自主トレのスケジュールは2週間。フェニックスシティの南にあるコンドミニアムを借りて生活の場とした。これには、自炊することで栄養管理を徹底して行う意図もあったという。

たかだか15年程度ではあるが、スポーツ選手を間近で見てきてつくづく思う。一流選手は自分のことは自分でできる人が多い。我々一般サラリーマンが、仕事が忙しいとか疲れているとか言いながら、奥さんに多くのことを任せてしまうのを反省したくなるくらいだ。米を計量カップで量り、研いでいる野村さん。皿を洗い、すき焼き用の野菜や豆腐を並べる黒田さん。今ではなかなか珍しいと思われる貴重な映像が広島テレビに残っている。

そこまで多くの人に知られていないこのアリゾナでの自主トレが、なぜ詳細に記録されているのか。このキャンプにただ一人、取材で同行していた人物がいるのだ。それが広島テレビの末松ディレクター（現同社コンテンツ本部・編成局長）である。今は現場を離れているが、スポーツ報道に長く携わり、私も大変お世話になった先輩である。末松は野村さんと長年にわたって親交があったため、取材者として同行してはどうかと野村さん側から声がかかったのだ。

チームメイトとはいえ同じプロ野球選手。その関係の中に一人、毛色の違う人間が入る。末松自身は「俺は潤滑油的な立ち位置で入ったんよ」と後に振り返っている。

つまり勝負の世界に生きるプロフェッショナルたちの間で、いわばマスコットキャラクターのような役割を務めようとしたのだ。末松はそういったことができる人だった。

アリゾナでの取材を通して感じた黒田さんの印象を、末松は次のように語っている。

「彼は場をすごく盛り上げてくれたし、楽しい時間を過ごさせてくれた。人を巻き込む力、俺を仲間として迎え入れる力、それが関西人気質なのかもしれないが、とにかく相手をリラックスさせる力が彼にはあった」

選手は朝からみっちりとトレーニングをする。メディアの人間として、それを撮影、取材する。もちろんその時はお互いに真剣勝負なので妥協はない。しかし夜になり、最年長のリーダーである野村さんが床についた後、その野村さんが持ち込んだ焼酎を黒田さんと末松で飲んでいたというから、二人の結びつきが強まるのは当然だ。こういう「人の酒」ほど旨いものはない。この時のことを振り返る末松の表情を見ていると、より強くそう思う。

また、黒田さんの人間性に惹かれた部分を末松はこう語っている。

「野球人としてだけでなく、社会人としてしっかりしている。大人としての振る舞いがきちんと教育されていた。それは、お父さん（元プロ野球選手。南海ホークスなどで活躍した黒田一博さん）とお母さん（元公立高校体育教師。靖子さん）がしっかり育てていたんだと思う。曲がったことが嫌いで、真剣に向き合えば向き合うほどしっかり返してくれる。反対に真摯に取り組まなかったり、人間として曲がったことをしたりすると、すっと引いていく。だからこそ彼を裏切るのは怖いと思うし、そんなことは絶対にしたくない」

結果としてその後10年以上にわたってお互いに真剣に向き合い、信頼関係を築いていくことになる末松が、黒田さんという人間にじっくり触れたきっかけがこのアリゾナの合同自主トレであった。

この頃末松は、黒田さんのこんな言葉を聞いていたという。

「マウンドに上がるのは怖い」

もちろん一度マウンドに上がってしまえば、そんなことは頭から離れている。目の前のバッターに向かっていく闘争心でいっぱいになる。しかしマウンドに上がる前に、〝打たれるかもしれない〟という不安、〝点を取られてしまうかもしれない〟という不安があるからこそ、それを払拭するために自分を高めようと努力し続けるのだ。

前述した「絶対打たれない球を投げたい」という思いはこれとつながっている。こういう「怖さ」を持つ人は、慢心がない。その後、「何億もらおうが、何勝しようが黒田はぶれない」と末松が言うように、30代になっても、40代になっても黒田さんはこの「怖さ」を常に心の中で持ち続けていた。

このように黒田さんと親交を深めていった末松。実は私と黒田さんとの縁を紡いでくれた先輩こそがこの人なのだ。このアリゾナ自主トレがあったからこそ、大勢いる取材陣の中の一人でしかなかった私と、カープのエースになろうとしていた黒田さんとの接点が生まれた。野村さんが黒田さんを自主トレに誘わなければ、野村さんが末松に同行取材を促さなければ、黒田さんとの縁は生まれていなかったであろう。人と人との巡り合わせは奇跡のようなもの。出会いとはまさに人生の財産である。

第2章
試練に立ち向かう姿
2004年

2004年　21試合　7勝9敗　防御率4.65

2004年シーズンの意外な言葉

2004年シーズン、各球団の春季キャンプがスタートし、私もカープの取材で宮崎にいた。入社2年目も終わろうとしていた2月。いよいよやってきた初のプロ野球キャンプ取材は、6泊7日の1週間という取材期間をもらうことができた。

キャンプ取材は選手との距離を縮める絶好のチャンスだ。早朝から夕方まで、かなり長い時間を同じ空間で過ごす。夜に食事に出かける際、ばったり出くわすこともあれば、関係ができている選手と食事をともにすることもある。もちろん初のキャンプ取材となる私にそんな約束をできる選手はいないが、この初めてのキャンプ取材の中で、私は黒田さんと初めて一対一で話をしている。

末松が同行した海外自主トレの話をきっかけに、私から黒田さんに声をかけたのだ。雑談レベルではあるし、まだまだ私にとって大きすぎる存在ではあったが、この春季キャンプでの会話をきっかけに少し黒田さんとの距離が近づき、言葉を交わす機会も徐々に増えていった。

たくさんいる記者の一人として球場で挨拶するより、「広テレの若いヤツ」として認知されて挨拶したほうが、挨拶を交わした後も言葉が続く。広島テレビのインタビュー取材の現場へ勉強のため顔を出した時も、「おう、今日もおるんか」と黒田さんに声をかけられるだけで、私はすごく嬉しかった。

若手記者のスポーツ取材というのは、私に限らずほとんどの場合、こうして地道に選手との関係を構築していくものである。

さて、その広島テレビのインタビューでのことだ。海外自主トレでさまざまな取り組みにチャレンジし、満を持して迎えるシーズンの開幕に向けて、黒田さんはこんなコメントを口にしている。

「開幕からどんどん勝ち星を量産していきたい」

メジャーから復帰した後の少し控えめな黒田さんのイメージからすると、意外な言葉ではないだろうか。しかし、この強気とも思える言葉こそ、黒田さんが自分の置かれた状況を冷静に分析したうえで発したエースとしての決意の表れであった。この年は先頭に立ってチームを引っ張っていくんだという、強い気持ちで臨んだシーズンだったのである。

2004年4月2日。黒田さんは2年連続の開幕投手として、ナゴヤドームのマウンドに立った。相手となる中日ドラゴンズの開幕投手は、その時、3年もの間一軍登板のなかった川崎憲次郎投手だったことから、当時はいろいろ物議をかもした試合だ。そんな試合でもカープ打線は序盤からつながり、2回表終了時点で5点のリードを奪った。長いシーズンの始まりである開幕戦にエースとして上がるマウンド。チームに勢いをつけるかっこうの試合になるはずだった。リードを広げ、誰もがカープの開幕戦勝利を確信したが、終わってみれば黒田さんは7回途中8失点でまさかの敗戦投手。黒田さん自身、カープ時代に5回務めた開幕投手として唯一黒星がついた試合となった。

故障をおして投げ続けた理由

その後の登板でもなかなか勝ち星が伸びない。大量失点を許す試合も多く、防御率は5点台付近をさまよう状況。3試合連続でノックアウトされるなど、本調子でない

開幕戦で敗戦投手となり、その後も故障の影響で苦戦が続いた2004年シーズン序盤。故障をおして投げ続けたのには理由があった

のは明らかだった。

そんな中で迎えた6月26日の横浜戦。右肩の痛みを訴え、3回で急きょ降板するというアクシデントに見舞われる。翌日には一軍登録を抹消されるという緊急事態だった。

原因のひとつは、この数カ月前までさかのぼる。この年の春季キャンプ終盤、黒田さんは足の張りを訴え、別メニュー調整になるという事態が起きていた。その時に患部をかばいながら調整を続けたためにバランスが崩れ、のちに右肩まで影響が及ぶことになったのだ。

黒田さんはこの年初めて、首脳陣から調整を一任されたキャンプだった。プロ野球において、キャンプの調整を一任されるということは、エースの証以外の何物でもない。だからこそ黒田さんは故障を抱えながらもエースとしての使命を全うしようとしたのだ。

そしてもうひとつ、「開幕から勝ち星を量産していきたい」という黒田さんの思いには大きな理由があった。それがこの年の夏に開催されるアテネオリンピックである。黒田さんはカープから木村拓也選手とともに日本代表メンバーに選ばれ、シーズン中にチームを1カ月近く離脱することが決まっていたのだ。

「二桁勝利が途切れたのは悔しい。またそれがアテネオリンピックに出たからできなかったと思われるのが余計に悔しい」

これは2004年シーズンを終えた時に黒田さんが発した言葉である。

この年の自責点76は日本プロ野球時代の自己ワースト。初めて二桁勝利を記録した2001年以降ではじめて、勝ち星が一桁に終わった年となった。

私のような人間だと、アテネオリンピックで1カ月近くもチームを離れたのだから二桁勝利できないのも仕方がないと考えてしまう。しかも日の丸を背負う重責もあるのだ。しかし黒田さんはまったく違った。

アテネオリンピックに出場するのはあくまでも個人としてのこと。もちろん国の代表として戦うことは栄誉であるが、黒田さんの中ではオリンピックで投げることと、カープのエースとして責任を全うすることは、まったく別のことであり、混同してはいけないことだったのだ。

自分のチームが戦っている中、1カ月近く戦線を離れてしまう。ならば開幕から勝ち星を重ねて貯金を作ってからチームを離れよう。その思いが春先から飛ばしていった調整の根底にあったのだ。

勝負の厳しさを知った壮行試合

右肩の故障による緊急降板で登録を抹消された後、3週間あまりで黒田さんはマウンドに帰ってきた。そこからの2試合は5回2失点、5回3失点。マウンドに上がる以上は最後まで投げ切りたいと考える黒田さんからすれば、依然として我慢の登板が続いていた。

そして2004年8月3日の阪神戦。この日は黒田さんにとってアテネオリンピック前最後の登板試合。いわばオリンピック壮行試合として位置付けられた試合である。黒田さんは序盤から鬼気迫るピッチング。相手打線を完璧に封じ込み、試合は1対0でカープリードのまま9回表に突入した。

「今までチームに貢献できなかった思いが一番。肩の故障があって、それから復帰してからの登板もずっと勝ち星がつかなかったから、何とか結果を残したいという気持ちが強かった」

こうした責任感から志願して臨んだ9回のマウンド。しかし、同点に追いつかれ、さらには勝ち越し点まで許してしまい、3対1とされたところで黒田さんは降板した。結果にこだわるエースとしては最悪の結末。汗だくの黒田さんがベンチへと下がっていく。

広島市民球場一塁側ベンチの後列左端。マウンドを降りた投手が座るその場所に腰を下ろすと、黒田さんは白いタオルで顔を覆った。肩が大きく震えている。黒田さんはベンチで悔しい気持ちを堪えることができずに泣いた。

会社のテレビモニターに映し出されたその姿は、今でも忘れることができない。この試合は、私も一人の取材者として勝負の世界の厳しさを改めて思い知らされた一戦だ。

エースとしての責任を十分に果たせなかったという悔しさを抱えたまま、この試合の直後に黒田さんはカープを離れ、アテネオリンピック日本代表チームへと合流していった。

オリンピックで増した反骨心

アテネオリンピックは日本の野球史上初めてオールプロ選手で参加した歴史的大会である。プロアマの混成チームで参加した前回大会のシドニーオリンピックでは、初めてメダルを逃す結果に終わったことから、アテネでは絶対にメダルを取り戻すという決意のもと、夢のプロ選抜チームが実現した。

選手選考においては、ペナントレースへの影響に差が出ないように、各球団から代表に選ばれるのは2名ずつとされた。各球団のエースが集結した豪華メンバーの中に名を連ねた黒田さんだったが、チームから与えられた役割は、先発ではなく中継ぎピッチャーだった。これには私もカープファンとして少々悔しい気持ちになったのを覚えている。

「カープのエースになっても、ジャパンに入ったら、ただのいちピッチャーになった。井の中の蛙になったらアカンと思った」

これはアテネオリンピックを振り返る中で発した黒田さんの言葉である。中継ぎとはいえチーム最多タイの２勝を挙げ、３試合を投げて自責点ゼロという文句なしの活躍を見せたが、黒田さんにとってはこの悔しさこそがオリンピックで得た最大の収穫だったのかもしれない。

「カープのエースというだけで満足したらそこで終わり」。常々こう話す黒田さんにとっては、改めて自分の中の〝反骨心〟を湧き上がらせるきっかけとなったようだ。

メジャーリーグでも大活躍した黒田さんが、高校時代に3番手ピッチャーだったことは有名な話だ。大学時代に注目されたとはいえ、ドラフトでも1位ではなく2位指名だった。

決してエリート街道を歩んできたわけではない野球人生。だからこそ努力を怠ってはいけないと語る姿に私は心を揺さぶられた。大げさではなく本当にいつも口にしているのだ。反骨心は黒田さんを根底で支えるパワーの源。それはこの人の魅力の根幹となっている部分でもある。

環境を変える前に自分を変える

「井の中の蛙」に込められた黒田さんの悔しい思いを、もう少し詳しく書いておきたい。当時のカープはBクラスが定位置の低迷期にあり、たとえエースであっても、〝下位球団のエース〟という見方をされてしまった。

井戸の外を見るなら、まずその井戸から出ることを考える。しかし、黒田さんが出した答えが、実に黒田さんらしかった。「井戸」から出るのではなく、その「井戸」を日本一大きくしようと考えたのだ。

自分をエースとして信頼してくれるカープというチームを愛し、そのカープを球界で一番にしたいという想い。「井の中の蛙になったらアカン」という黒田さんの言葉は、カープという地方球団に対する不満ではなく、カープで日本一のエースを目指せという自分に向けた叱咤だったのだ。

黒田さんは思うようにいかない時でも絶対に環境や他人のせいにはしない。いつも自分に何が足りなかったかを考える。これは本当に見習いたい姿勢だ。

この頃の私は、プロ野球選手としてだけでなく、人間としての黒田さんの魅力に少しずつ触れるようになっていた時期である。しかしその本質の部分は、あくまで末松たち先輩が取材してくる黒田さんの言葉を聞かされていただけ。私が自分の力で誰にも言っていないような黒田さんの本音を聞き出せたことは、まだ一度もなかった。

家族の絆と五輪メダル

アテネに黒田さんは一枚の写真を持参している。この2年前の2002年に亡くなった母・靖子さんの写真だ。厳しく息子に接した浪速の肝っ玉母さんのエピソードは、皆さんもご存じかもしれない。前述した広島テレビの実家取材の際、靖子さんはこんなことを言っていた。

「巨人戦でホームラン打たれて、しゃがんでしまったのを見たんですよ。あれはいかんわと思ってね。くそっと思わな」

そんなふうに息子を叱咤しつつも、靖子さんが作っていた息子のスクラップブックには、黒田さんが勝った試合の記事しか入っていなかった。

「全然負けてない（笑）」

そう言って嬉しそうにはにかむ靖子さんの顔には、これ以上ない優しい笑顔が弾けていた。

その母が息子にかけ続けた言葉が、「苦しまずして栄光なし」だ。

「悪い時にどれだけ下を向かずにやっていけるかということだと思う」

そう言って母の言葉を振り返る黒田さん。母の写真はアテネ出発前、父・一博さんに持っていけと言われたそうだ。もがき苦しみながらも世界の舞台に挑もうとする息子に、今こそ母親の力が必要だと一博さんは感じていたのかもしれない。自分が持たせた母の写真とともに、オリンピックのメダルを首にかける息子。その姿を、一博さんはどのような思いで見ていたのだろうか。

２０１６年に甦ったアテネの記憶

このように葛藤の中で収穫も手にしたアテネオリンピックは、惜しくも金メダルは取れなかったが、銅メダルを獲得。日本中の期待を背負う中、チーム一丸となって戦うことの大切さを改めて学んだと黒田さんは話してくれた。

「ああいう気持ちをみんなが持ってやれば、いくらまわりが強いといっても食い下がることはできる。この気持ちは忘れたくない」

全員が本気で同じ目標を目指し、努力を惜しまなければチームは強くなる。当時世界最強と言われたキューバにオリンピックの舞台で初めて勝った試合などは、まさにチーム一丸となって戦った結果だった。

実はそれから10年以上経った２０１６年の開幕前、黒田さんが発した言葉に、私はふとアテネオリンピックの記憶が甦った。

「見返したい気持ちがないと、それはウソだと思う。僕だけじゃなくチーム全体がそういう気持ちで挑めばまた違った結果になってくると思う」

黒田さんも復帰し、優勝候補と言われながらリーグ4位に終わった前年から一転、2016年のカープは順位予想でも軒並み下位評価だった。しかし、黒田さんは全員が気持ちをひとつにすれば、チームは強くなるのだということを説いた。

これはまさにアテネオリンピックで黒田さんが感じた思いそのものではないか。黒田さんのオリンピックでの経験は、10年以上の時を経て、しっかりカープにも還元されていたのかもしれない。

左手に包む「感謝」

黒田さんがさまざまな経験を積み重ねた２００４年が終わろうとしていた12月、広島テレビのスポーツ番組『進め！スポーツ元気丸』に黒田さんがゲスト出演する機会があった。

初のキャンプ取材を経験した後、入社３年目を迎えた私は、プロ野球中継のベンチリポートも担当するようにはなっていたが、この老舗番組では相変わらず仕事は何もなかった。前述した通り、呼ばれてもいないのにお手伝いができる仕事を探しては番組に関わり、選手との関係性を築くきっかけを増やそうとしていた。

そんなことをしていると、思わぬ幸運に恵まれることもある。私はこの時人生で初めてオリンピックのメダルというのを持たせてもらったのだ。黒田さんがスタジオに持ってきてくれたアテネのメダル。実際持ってみて実感する。あれは選手たち本人が持たないと本当の輝きが出ない。メダルを獲得するまでの弛まぬ努力。それこそが私たちが見ているメダルの輝きなのだ。

さて、その時の「元気丸」の企画で「俺の宝物」というコーナーがあり、選手に思い入れの深い私物をスタジオに持ってきてもらったのだが、黒田さんは２つのグローブを持参した。ひとつは当時読売ジャイアンツのエースでアテネオリンピックをともに戦った上原浩治投手のグローブ。そしてもうひとつが自身のグローブだった。

二人は同じ大阪出身で、誕生日は上原投手が2カ月遅れの1学年後輩。そんな似た境遇を持つことから二人には親交があった。オリンピック予選の時に上原投手から「グローブ下さいよ」と先に打診があり、予選終了後にお互いのグローブを交換したそうだ。

その上原投手のグローブにはある文字が刺繍されていた。親指と人差し指の間の「ウェブ（網）」と呼ばれる部分。ここに上原投手は「我慢」という文字を入れていた。上原投手はキャッチャーとサインの交換を行う時、グローブを顔の前に持ってくる。ちょうどウェブの中の「我慢」の文字が目に入ってくるのだ。黒田さんはこのグローブについてこう話している。


「日本を代表するほどのピッチャーでも我慢という気持ちを持ちながら投げていたというのは、すごく見習いたいと思った」

一方、黒田さんのグローブには、手を入れる平裏という部分に「感謝」という文字が刺繍されていた。これはその後引退するまでずっとグローブに入れ続けていた文字であり、初めてこの２文字をグローブに入れたのが２００４年のシーズンだった。

「一軍で投げるありがたみというのが自分の中で薄れてきたんじゃないかというのがあって。マウンドに上がれる喜び、まわりの人に感謝しながらもう一度マウンドに上がろうという気持ちで入れた」

刺繍されている部分は、一度グローブをはめると見えない。しかし、マウンド上の黒田さんは常に感謝の気持ちを左手に包み、目の前のバッターに立ち向かっていく。それは海を渡っても、日米通算２００勝という金字塔を打ち立てても変わらなかった。

グローブに自分を奮い立たせる言葉を入れる選手もいる中で、周囲の人たちへの「感謝」という文字を入れるところに黒田さんの人間性が表れている。

カープでもがき苦しみ、オリンピックでも悔しさを味わった2004年の経験は、黒田さんにとって大きな意味のあるものだった。この葛藤のシーズンを越え、カープのエースはいよいよ日本球界を代表する絶対的エースへと飛躍していく。

第3章
黒田さんに
聞かれた本気
2005年

2005年　29試合　15勝12敗　防御率3.17

あくなき探求心

２００5年のシーズンに向けた準備を黒田さんが始めたのは、実のところその1年前までさかのぼる。２００４年の開幕戦で5点のリードを守りきれなかったあの試合だ。

失意の逆転負けを喫した開幕戦の2日後、黒田さんはあるところにみずから一本の電話をかけた。

「広島東洋カープの黒田博樹です。雑誌を見て電話しました」

こう電話口で言ったという。プロ野球選手が、しかもエースと呼ばれる選手が野球雑誌に掲載されている広告を見て直接かけた一本の電話。１５０キロを超える速球がなぜ打たれるのか。なぜいとも簡単に打ち返されてしまうのか。エースとしての責任を果たすために藁をもつかむ思いでかけた電話であった。

電話した先は東京にある「上達屋」。主に動作解析でスポーツ選手の技能を向上させる施設である。日本ハムやダイエー（現ソフトバンク）でコンディショニング・コーチを務めた経験がある代表の手塚一志氏に対し、黒田さんが依頼したのは、「球持ちを長くしたい」ということだった。

エースとして勝っていくためには何かを変えないといけない。それから黒田さんはシーズン中のあらゆる試合の映像を手塚氏に送り、ピッチングフォームを徹底的に解析してもらった。結果、投球動作の中での１カ所の動きがポイントになっていることが分かった。投球の際、左足を上げておろす瞬間、骨盤の向きが天井に向かって滑るような時はいいボールがいかない。骨盤が真っすぐ降りてきて、そのまま横に踏み出す時は、素晴らしいボールがいく。この違いが不安定な投球につながっていたのだ。

謙虚に学ぶ姿勢が成長につながる

黒田さんは、２００４年シーズンが終わると定期的に東京にある「上達屋」のトレーニング施設に通い、理想的な骨盤の動きを体に覚え込ませるトレーニングを積んだ。また腕の振りも骨盤の動きと連動させ、相手を軽く殴るイメージの、いわゆる「パンチリリース」という形のものを取り入れたのだ。

トレーニングの効果は目を見張るものがあった。数カ月の訓練を終え、トレーニングの前と後の映像を見比べた黒田さんは、「腕の振りが伸びてるって感じがする」とかなりの手応えを感じていた。

「上達屋」の事務室にあるテレビモニターに映し出された黒田さんのフォーム。画面の左半分はフォーム修正前、右半分は修正後だった。私も映像を見て驚いたものだ。素人の私でもはっきりと違いが分かる。左足を地面に下ろす際、骨盤の位置が見事に下がり、下半身で粘っているのが一目瞭然だった。さらにリリースの時の腕の振りは前へ大きく、投げ切った後は体の後ろまで伸びていく。投球動作において左肩があった場所に、くるっと体の軸を回転させて右肩が来ると言えばいいだろうか。黒田さんが手応えを感じているのも納得だった。

黒田さんが年間160試合以上戦うメジャーリーグにおいて長くローテーションを守り、カープへの復帰後も、41歳まで先発として投げ続けられた理由のひとつに投球フォームがある。野球解説者の皆さんが、「理にかなった無理のないフォーム」だと絶賛する黒田さんのフォームは、この頃にその基本形ができ上がったと私は思っている。

2004 年のシーズンオフ、「上達屋」で自身の投球フォームを入念にチェック。動作解析によるフォームの見直しはシーズン中からすでに始まっていた

「今までは目いっぱい投げることしか考えていなかったけど、違った方向から勉強できれば今まで以上のピッチングができると思う」

結果が出ない時は、冷静に失敗を受け止め、目の前の壁を越えればいい。その方法はなんだっていいのだ。プロだからとか、エースだからとか、何年プレーしているとか、そんなものは黒田さんにとって関係なかった。目的はただひとつ、ピッチャーとして相手打者を抑えることだ。

思うような結果が出ない時、これまでの成功体験に固執せず、「違った方向から勉強する」と話す黒田さんの姿勢には、大いに学ぶべきものがある。

プロで活躍し、実績を残すレベルになると、周囲に教えを請うことができにくくなるだろう。必要性を感じたとしても素直に耳を傾けられないものだ。しかし、黒田さんはあれだけの選手であるにもかかわらず謙虚に学ぶ姿勢がある。自分が成長するためには、プロのメンツなど二の次だったのだ。

背中で引っ張る真のエース

2005年のキャンプインが迫っていた。黒田さんにとっては二桁勝利に届かなかった前年の雪辱を期すシーズンとなる。

春季キャンプを迎えるにあたり、黒田さんは珍しく「楽しみ」という言葉を発した。この一言だけでもどれだけ充実した準備をしてきたのかが読み取れる。練習漬けの苦しいキャンプすら楽しみになるほど、オフに取り組んだフォームの修正に手応えを感じているのだろう。いよいよ黒田さん自身の逆襲の1年、そして真のエースへの道のりが始まろうとしていた。

この年のキャンプでは、投手陣にひとつ課題が課せられた。ベテランから若手まで全員に、キャンプ期間中に2500球以上を投げ込むという指示が出されたのだ。これもすべて前年にリーグワーストの防御率4・75に終わった投手陣を再建するためだ。投手王国復活を目指すカープ投手陣は、時代の流れに逆行しているのではないかと言われるぐらい、ガンガン投げ込んだ。

このキャンプ中、新選手会長に就任していた黒田さんが再三口にしていた言葉がある。

「投手陣全員で何とか防御率をよくしてまわりを見返したい」

この言葉を実践すべく、黒田さんは投手陣をまとめ上げ、みずからの背中で引っ張っていった。皆さんもよくご存じのように、黒田さんは言葉よりも行動で示すタイプである。キャンプ最終日にはなんと219球にも及ぶ投げ込みを行ってキャンプを締めくくった。今ではなかなか考えられない数字だ。エースの自覚を感じさせるその姿はさながら、前年の悔しさや無念さを振り払っているかのようだった。

成長を見せつけた開幕戦

迎えた2005年の開幕戦は東京ドームでの巨人戦。3年連続開幕投手となった黒田さんの相手は、友でありライバルでもある上原浩治投手だった。確かな手応えを持って臨む雪辱のシーズンの始まりに、これ以上相応しい相手はいないであろう。

試合は初回にカープが1点を先制するも、すぐさま巨人が同点に追いつく。さらに5回に勝ち越しを許し、2対1のまま9回に入っていった。

「なんとか粘っていけば、打線がなんとかしてくれると思っていた」

と我慢の投球を続ける黒田さんに対し、土壇場で打線が応える。緒方孝市選手（現カープ監督）の2ランホームランなどで一挙3点を奪い、逆転勝利を飾ったのだ。

「去年の開幕での悔しさが今年に懸ける想いを強くさせた」

大量失点で逆転負けとなった屈辱の開幕戦から1年後、今度は自身の粘りの投球で逆転を呼び込み、劇的な開幕勝利をつかんだ。残念ながら私はこの試合を広島からテレビで見ることしかできなかったのだが、ヒーローインタビューでやや興奮気味に話す黒田さんを見ると、この1年の苦しみや葛藤がどれほど大きかったかが想像できた。

1年前の開幕戦で打ち込まれた経験は、黒田さんが常に持ち続けている「反骨心」

を増幅させたのではないだろうか。悔しさにまみれたことが動作解析によるピッチングフォームの修正や、キャンプでの鬼気迫る投げ込みを行う原動力となった。悔しさを晴らすには自分が成長するしかない。一流のプロフェッショナルとは、こうして作られていくのだ。

目の前の勝負にすべてを懸ける本能

その開幕から2週間後となる4月15日の横浜戦では、ハマの番長こと三浦大輔投手と投げ合い、黒田さんは10回を無失点、三浦投手は9回を無失点という壮絶な投手戦を繰り広げた。お互いに譲らなかった試合は引き分けとなり、その日の夜、三浦投手から黒田さんに電話があったそうだ。

「辛抱して自分のピッチングを続けていれば、いつかは勝ちがついてくるという気持ちでやっている」

という内容の話が三浦投手から伝えられたという。上原投手も三浦投手もアテネオリンピックで一緒に戦った日本代表の同志。チームのエースとお互いを認め合い、マウンドで火花を散らす姿は、一人のカープファンとしてとても誇らしかった。

また、5月3日の阪神戦では驚きのプレーがあった。3対2で1点リードの7回、

2アウトランナー一塁、三塁のピンチの場面。バッターの関本賢太郎選手の打球が黒田さんの右横を抜けようとした瞬間、思わず黒田さんはグローブをしていない右手で打球を止めにいったのだ。素手に当てて勢いを殺した打球はショートゴロ。結果的にピンチを切り抜けるビッグプレーとなった。

「あれはもう本能というか。それで勝てるんなら誰でも（手を）出すと思うし、僕は投げている間そういう気持ちでやってるんで」

この言葉通り、黒田さんはたびたび同じようなシーンを演じている。カープに復帰した2015年には、それで実際に右手を負傷した試合もあった。

黒田さんにとって最も優先されるものは、その試合のチームの勝利。これがぶれることはない。毎試合ごとの「これが最後の登板になるかもしれない」という覚悟は決して言葉だけではないのだ。黒田さんには目の前の試合の勝利がすべて。そのためには次の登板を考える余地などないということをこのプレーが証明している。

パ・リーグに見せつけたエースの凄み

この気迫の投球でシーズン4勝目を挙げた黒田さんは、5月を4勝1敗で終え、自身2度目の月間MVPに輝いた。この2005年シーズンの5月というと、日本プロ野球史上初めてとなるセ・パ交流戦がスタートした月である。

後にカープにとって鬼門と言われ続けることになる交流戦は、初年度から苦しんでいた。ショートのレギュラーをつかみ、打率3割を超え、盗塁もチーム最多の活躍を見せていた尾形佳紀選手（現広島東洋カープ・スカウト）が右ひざ前十字靭帯断裂の大ケガで離脱。当時の山本浩二監督が「あれが本当に痛かった」と後に振り返るぐらいカープにとって大きなアクシデントだった。尾形選手が離脱する前が8勝10敗1分だったのに対し、離脱後は3勝14敗と大きく負け越していることからも影響の大きさがお分かりいただけると思う。

そんなチームが苦しんでいる中、黒田さんがパ・リーグ相手に重ねた勝利は実に4勝。特筆すべきは、その4勝をすべて完投勝利で飾ったことだ。

なかでも驚いたのが5月17日の福山市民球場でのロッテ戦だった。1点ビハインドの5回裏、一塁にいた黒田さんがいきなり盗塁を仕掛ける。思いもしないプレーに相手バッテリーは動揺し、見事に盗塁成功。さらに緒方選手のタイムリーで黒田さんが同点のホームを踏んだ。

「相手がパ・リーグということでカープというのを印象付けたい思いもあった」

後にも先にも、黒田さんが盗塁を記録したのは、この試合だけである。

「チームが苦しい時こそ踏ん張るのがエース」と言い続けた黒田さんは、まさに孤軍奮闘でカープを支えていた。強豪揃いのパ・リーグ球団に見せつけたエースの凄み。

このシーズンの黒田さんは、間違いなく日本球界を代表するエースへと階段を上っていた。

37年ぶりのファン投票1位

この頃の黒田さんは本当に強いエースだった。それまではいいピッチングをしていても勝ち星に恵まれない投手という印象があったと思う。しかし、この2005年は違った。勝利数もさることながら、先発完投型の本格派として、黒田さんの力強いマウンドは見る者を魅了していたのだ。

そんな中、予期せぬ事態が起きた。6月28日の米子での阪神戦、4回表の出来事だ。この回、金本知憲選手（現阪神タイガース監督）のソロホームランで同点に追いつかれ、1アウトランナーなしの場面。6番桧山進次郎選手（現野球解説者）の打球がマウンド上の黒田さんを襲う。

その強烈なピッチャー返しを避けることなく右手のひらに受けながら、転がったボールを拾いファーストに送った。その送った直後に右手をぶらりと下げながら、その場にしゃがみこんだのだ。

「なんとか流れを止めたいと思った」

こう当時の私の取材メモにあるが、なかなか痛いと言わない黒田さんがグラウンドで顔をゆがめる姿に、多くの人が続投は不可能で、そこから継投に入ると思っていた。

しかし続く矢野輝弘選手（現矢野燿大・阪神タイガース一軍作戦兼バッテリーコーチ）をショー

トフライに打ち取ると、5回のマウンドにも上がり、なんと三者凡退に抑えてみせたのだ。

「自分で（打球を取りに）いった分、代わってしまうと情けないやろ」

ここに黒田さんのポリシーがある。「ポリシーというと大げさやけど」と本人が言うあたりに黒田さんらしさを感じるのだが、任せられたマウンドからは簡単に降りないというこの責任感こそ、黒田さんの魅力なのではないだろうか。

そんなマウンドでの立ち居振る舞いを、野球ファンはしっかり感じていた。黒田さんの人気は全国区となり、オールスターファン投票の先発投手部門でとうとう1位に選ばれたのだ。当時、広島テレビ野球解説者の池谷公二郎さんは黒田さんの登板を見て、

「このところの黒田投手には男を感じる」

と話しているのだが、この10年後に巻き起こる「男気フィーバー」の原点はこの年にあったのではないかと感じている。カープの投手がファン投票で1位になったのは実に37年ぶりのことだった。

理想の上司

この頃の私は、黒田さんと私をつないでくれた先輩の末松（当時広島テレビ・ディレクター）を通して、食事の場に同席させてもらう機会を何度も作ってもらっていた。入社して4年目。ある程度自分の裁量で球場に行くこともできるようになっていたし、プロ野球中継のベンチリポートを担当することも増えていた頃だ。

その日の夜も末松も含めて一緒に食事に行こうと約束していて、私一人仕事で遅れていた。仕事を終えるとすぐに「遅くなってしまったけれど、まだ黒田さんも末松も帰っていないのなら合流したい」と電話を入れると、末松が「ちょっと代わるから」と言って黒田さんが電話に出た。

「すまん、ちょうど帰る時や」

電話の向こうの声が少し笑っている。しかもいつもよりかなり早い時間だ。

私が「すいません、少しだけ行きませんか？」と言うと、「いや、もう手持ちないし」

2005年6月28日の阪神戦、強烈なピッチャー返しを右手で止めたダメージを堪える。痛みで顔をゆがめながらも続投を志願し、後続を抑えた

と黒田さんが答える。

笑いを堪えながら話す様子から、冗談だとはっきり分かる。黒田さんは私も含め後輩と食事をともにする時、支払いをさせたことがない。手持ち云々の次元ではなく、全部自分が面倒をみるのだ。

そこで私は「じゃあ、（支払いは）僕が何とかするんで！」と食い下がった。

「おぅ分かった、頼むわ」

さぁ、ここからが問題だった。これで本当に私が支払いをするのでは、冗談への返しとしてはあまり面白くない。黒田さんの好意を潰してしまうことにもなる。どうすれば場を楽しくできるだろうか。いつもお世話になっている黒田さんに恩返しする絶好のチャンスでもある。

私は家に飛んで帰り、自分の腕時計を全部持って黒田さんたちのもとへと急いだ。安物の時計ばかりだったが、7、8個は持っていったと記憶している。

お店で合流して「これで何とかなりますか?」と聞きながら、着ていた服のあらゆるポケットから次々と時計を出していく。そんな私を見た黒田さんは、

「お前めっちゃおもろいな」

と大笑いしてくれた。

その日からだろうか。後に末松から聞いた話だが、黒田さんと食事に行く際、

「モリタクは何してんすか？　誘ってやって下さいよ」

と言ってくれるようになったそうだ。大阪人にとって「おもろいやつ」というのは、心をぐっと通わせた人間に使う褒め言葉というのも後から聞いた話。マウンド上での厳しさとは一転、戦いの場を離れればまわりを楽しくさせる気さくな姿に、私は黒田さんの人としての魅力の深さを感じていた。

　もちろんプライベートで交流しても、練習や試合では相変わらず真剣だった。しかし、ロッカーへの通路などで顔を合わせるふとした瞬間、大阪人らしい言動で笑わせてもらったこともたくさんある。

　旧市民球場時代、チームの飲み物用に少し大きめの紙コップが置いてあった。選手に話を聞こうとロッカー前に私を含めた記者陣が並んでいると、その日登板予定のなかった黒田さんが、おもむろにその紙コップを私に渡す。よく分からないまま持っていると、黒田さんが選手用ケータリングの食べ物を、私の前を通るたびに一つずつその紙コップに入れていくのだ。パン、バナナ、オレンジ……。そこにいた記者たちもクスクス笑っている中、「これ何ですか？」と私が聞くと、黒田さんから、

「差し入れや」

という答えが返ってきた。すぐさま、「それ余り物じゃないんですか！」と笑いながら、まわりの記者たちもツッコミを入れる。

今思うと、まだキャリアが浅く、ベテラン記者たちの中で小さくなっていた私が、記者陣の一人として受け入れられた出来事だったような気がするのだ。事実、黒田さんと仲良くさせてもらうようになってから、球場で他の選手や先輩記者の皆さんとも関係がどんどん広がっていった。

それから10年以上たったカープ復帰後でも、後輩選手にイタズラをしたり、報道陣に冗談を言ったり、まわりを笑顔にさせる大阪人気質は変わらない。これは黒田さんが生まれ持っている才能のひとつだ。チームを引っ張るリーダーシップと、後輩たちを受け入れる包容力とユーモア。まさに理想の上司とでもいうような魅力を黒田さんは併せ持っている。

心に刻んだ愛のムチ

一方で黒田さんは、間違ったことに対しては、はっきりと物を言う人でもあった。これまで書いてきたような優しさがあるからこそ、「それはアカン」と言われても、すっと腑に落ちる。こういった部分もまさに理想の上司と感じるゆえんである。

その日はなぜそんな話になったのかはあまり覚えていない。食事をしている時に選手のプロフィールの話題になった。出身地やプロ入りするまでの球歴など、選手名鑑などにも載っているいわば基本情報だ。選手たちについて私もある程度の知識はあるのだが、黒田さんはこういった情報にめっぽう詳しい。

日本球界に復帰した時、さまざまなメディアで盛んに取り上げられていた通称「黒田ノート」というものがあった。対戦相手の特徴やクセ、得意なゾーン、苦手なゾーンなど、詳細に書かれていた分厚いファイルだ。一人のバッターと対戦するうえで、これだけの情報を蓄積し、頭に叩き込んでいたというエピソードだが、そういった情報の一部が選手のプロフィールなのである。

「誰と誰が大学の先輩後輩とか、高校で誰と誰が対戦しているとか、そこにもドラマがあるからな」

こういった情報も、伝えるうえで大事なことだと黒田さんには言われていた。そしてこの時の食事の席では、そのプロフィールがクイズになった。選手の名前を言われ、その選手のプロフィールを答えていくというものだ。一人一選手ずつ交代で出題していく。もちろんカープ担当としてカープの選手のプロフィールは私もしっかり頭に入っている。同席していたメンバーも次々と答えていく。そうこうしているうちに、「出題範囲」がカープからセ・リーグ全体へと移っていった。さらに、一軍経験があまりない選手やルーキーが出題され、難易度はどんどん上がっていく。みんなでワイワイ言いながら、ヒントを出し合い何とかクリアしていった。

その後、パ・リーグの選手に出題範囲が広がると私が答えられる確率が圧倒的に低くなってきた。この時期の私は、妙なプライドを持ってしまっていた頃だったと思う。野球の取材を本格的にするようになり、やりがいを感じていたと同時に、こんなこともできるんだという過剰な自信が芽生えていたのだ。

そんなこともあり、正解できないことに悔しさを感じていた私は、ある問題に答えられなかった際、その結果を素直に受け止めず、言い訳をしてしまった。

「いや、これパ・リーグの選手ですし」

本当に情けない言い訳だった。今思い出しても自分が恥ずかしくなる。

この言い訳に黒田さんが反応した。

「お前、交流戦でしゃべらんの？　日本シリーズもあるやんか」

私は何も言えない。どう返せばいいのか答えに窮した。黒田さんは場の空気を悪くしないように優しい表情のままだ。しかし目が真剣なのは明らかだった。

「俺はこれで腕がちぎれてもいいと思って毎試合マウンドに立ってる。お前はどれくらいの気持ちで放送席に向かってんの？」

いい大人が恥ずかしながら涙が出た。叱られ、諭されて涙を流したのは高校生の時以来だったと思う。クイズに答えられなかったことに対してではない。何より悔しかったのは、くだらない言い訳をした自分の小ささだった。

「おいおい、何泣いてんのや？」

黒田さんが笑顔でその場を収めようとしてくれたことで、また申し訳ない気持ちでいっぱいになった。さらにはその帰りのタクシーの中で、食事に同席していた末松にも「お前、選手にこんなに言ってもらえることないぞ」と言われ、また涙することになる。本当にその時は恥ずかしさでいっぱいだった。

しばらく後になって振り返れば、この経験は私にとって大きな転機となったと言える。超一流のプロ野球選手から、一人の「プロフェッショナル」として扱ってもらい、それ相応の努力と結果を求められたのだ。これは本当に貴重な出来事だった。ベテランアナウンサーなら分かる。立派な実績を積んだ実況アナであれば求められるものも大きいだろう。

しかしこの時の私は、まだ一軍の試合を実況したこともない駆け出しのアナウンサーだった。そのいわばヒヨっ子相手に、「俺はお前をプロとして見ている」と言ってもらったようなものだ。まだ実況アナとしてデビューすらしていない立場とはいえ、最初から「日本シリーズ」という最高の舞台を諦めているような私の姿勢に対し、黒田さんはプロとしての覚悟を感じなかったのかもしれない。

これで奮起しない人間などいるわけがない。この一件から私はカープ取材に対して甘さを捨てた。プライベートの時間なんて必要ない。一切の言い訳をせず、一人のプロとして仕事に全身全霊を注ぐと心に決めた。

まず自分に何ができるかを考えた私は、この翌年のカープの年間146試合を全試合・全球観戦することを最低限の目標として設定した。他の仕事で試合が見られなかった時は録画観戦となったが、最後までやり遂げることができた。しかし、こういったことは決して自慢することではなく、プロならば当然のこと。これだけやりましたと黒田さんに言っても、「それが仕事なんやから当たり前やろ」と一蹴されるだろう。本気で仕事に取り組むとはどういうことか。この根本は黒田さんが教えてくれたと思っている。

40歳を前にした今でも、仕事がしんどい時、楽をしたいと思う時、私は黒田さんの言葉を思い出す。自分がやっていることは、プロの仕事として恥ずかしくないか、胸を張って全力でやったと言えるか。この時黒田さんに叱ってもらったことは私の一生の宝物だ。

山本監督が伝えたエースの哲学

シーズンに話を戻そう。黒田さんはこの年のオールスター第2戦に先発し、２回を無失点に抑え、勝利投手となった。米子で受けた打球の影響を心配する声を振り払い、見事なピッチングでファンを安心させた。

ところが後半戦の夏以降、勝ち星が思うように伸びなくなる。シーズン終盤の９月に入っても我慢の登板が続いていた。９月９日には首位をひた走る阪神相手に８回３失点に抑えながらも白星なし。続く９月15日のヤクルト戦もわずか４安打１失点に抑えながら負け投手に。２試合連続で完投を果たすも報われないゲームが続いていた。

そしてこの頃、カープの山本浩二監督がチームの低迷を理由に辞任を発表する。すでにこの年は8年連続のBクラスが確定し、山本監督にとっても5年連続のBクラスで最下位が濃厚という状況だった。

ここにある数字がある。

	登板数	完投数	
2001年	27試合（0）	13試合	リーグ一位
2002年	23試合（0）	8試合	リーグ一位
2003年	28試合（0）	8試合	リーグ二位
2004年	21試合（0）	7試合	リーグ一位
2005年	29試合（1）	11試合	リーグ一位

この数字は山本監督下での黒田さんの年度別登板試合数および完投試合数だ。（）内は中継ぎでの登板試合数を示している。山本監督在任中、その最後の1試合を迎えるまで、黒田さんは中継ぎ登板がなかった。山本監督就任前までは、年間3試合程度あったにもかかわらずだ。2003年、黒田さんを初めて開幕投手に抜擢したのも山

本監督。勝てない時期も先発の柱として我慢強く起用を続けた采配には、

「お前がエースだ」

という山本監督のメッセージが込められていたのである。その期待に対し、黒田さんも任された試合を最後まで投げ抜く心意気でしっかり応えた。

「エースとは、チームを引っ張って最後の最後までマウンドに立たなければいけないということを教えてもらった」

この言葉からも山本監督のメッセージが黒田さんに伝わっていたことがうかがい知れる。エースとしてマウンドに上がったならば、最後までチームのために投げ切る。中継ぎに負担がかかっている状況ならば、少しでも休ませられるように１イニングでも長く投げる。それが真のエースたる者の姿なのだ。

山本監督のもとで戦った５シーズンを振り返り、「自分の野球人生が変わった５年

間」と語った黒田さん。その後、メジャーリーグに戦う舞台を移しても、黒田さんはこうした「エースの哲学」を常に抱き続けてマウンドに上がっていた。詳しくは後述するが、その秘めた思いは黒田さんが現役を退く時まで明かされることはなかった。

初タイトル「最多勝」

エースとして育てられた山本監督時代、黒田さんが一度だけ経験した中継ぎ登板。それが、２００５年10月7日、神宮球場でのヤクルト戦だった。

黒田さんは3日前の巨人戦で勝ち星が積み上げられず、最多勝争いは1勝差の2位。現役時代8つもの打撃タイトルを獲得している山本監督は、最初のタイトルに輝くまで7年の歳月を要している。タイトル獲得後の球史に残る活躍は皆が知るところだ。タイトルというものが選手にとって大きな転機となることを自身の経験から感じていたのだろう。なんとかして最多勝のタイトルを黒田さんに取らせてあげたいという思いがひしひしと伝わっていた。

先発完投にこだわってきた二人の間で、どんなやり取りがあったかは聞いていない。どんな話があったにしろ、シーズン最終盤のこの試合、カープがリードしている場面で黒田さんは中継ぎとしてマウンドに送り込まれた。しかし、力みが見えた黒田さんはすぐさま同点とされる。どちらに転ぶか分からない試合展開となった。

それでも今シーズンずっと孤軍奮闘のピッチングを続けてきた黒田さんに対し、チーム全員の思いが攻撃に乗り移った。終盤に打線の援護を受けた黒田さんはこの試合で見事に勝利投手となり、阪神の下柳剛投手と15勝で並んで、最多勝のタイトルが確定したのだ。

余談になるが、この試合で同点の8回に勝ち越しタイムリー3ベースを放ち、黒田さんに向けて大きなガッツポーズをしていたのが、盟友・新井選手だ。

その後、新井選手が2000本安打を達成した時、記憶に残っている一本として挙げたのが、このタイムリー3ベースヒットだった。サヨナラホームランなどではなく、黒田さんの初タイトル獲得を後押ししたヒットを思い出の一本に挙げるところが、実に新井選手らしかった。

シーズン最終戦となった10月12日、広島市民球場での横浜戦は、山本監督と長年チームを引っ張った野村謙二郎選手の惜別試合でもあった。当時1万人を割ることも珍しくなかった市民球場に2万9777人もの大観衆が集結。勝ち星こそつかなかったものの、先発のマウンドに上がった黒田さんは、心が揺さぶられるような真っ赤なスタンドの中、この日も完投を果たした。

最終的に2005年シーズンは、最多勝利投手のタイトルに加え、ベストナインとゴールデングラブも初めて獲得した。不振に終わった前年の借りを見事に返し、名実ともに絶対的エースとなる飛躍の年となったのだ。

黒田家のたこ焼き

2005年のシーズンが終わると目まぐるしいオフを迎えた。カープの次期監督は、ジョー・ルーツ（第9代カープ監督）以来2人目の外国人監督となるマーティ・ブラウン氏に決定した。

これまでの野球とはガラッと変わることが予想され、ブラウン氏の言葉や行動一つ一つが注目された。それを追う我々メディアの人間もバタバタしていて、私も黒田さんとあまり顔を合わせていなかった。

そんな年末、黒田さんが再び広島テレビのスタジオにやってきた。この年はタイトルホルダーとして、本塁打王を獲得した新井選手と2週連続で『進め！スポーツ元気丸』に出演したのだ。黒田さん自身もかなり忙しいオフを送っていたようで、すでに翌年から規制が強化される二段モーションのチェックにも取り組み、東京と広島を行き来していた。

そんな忙しい合間を縫っての出演だったが、こちら側が無理を言って、黒田さんが撮影した写真をスタジオに持ってきてもらった。「俺が撮った！タイトルホルダーの生写真」というコーナーで、黒田さんの自宅での生活ぶりが分かる写真を何枚も紹介させてもらったのだが、その中の一枚に私は目を見張った。それが「たこ焼き器でおいしそうに焼けているたこ焼き」の写真である。

黒田さんは、たこ焼きを焼くのがうまいと自分でも話している。多くの大阪の家庭と同じように、家にはたこ焼き器が子供の頃からあったそうだ。黒田さんのたこ焼きは、たこに加えて「大きめのネギ」が入っていた。さらに黒田家ではソースをつけずに食べるという。生地に味がついていて、ソースを食べている感覚がないところがいいらしい。

現役中は一切包丁を握らず、シーズンオフにしか焼かないということだったが、黒田さんがユニフォームを脱いだ今、無類のたこ焼き好きの私としては、いつかこの「黒田家のたこ焼き」を食べてみたいと密かに思いを馳せている。

第4章
88勝目のウイニングボール
2006年

2006年　26試合　13勝6敗1S　防御率1.85

完投へのこだわりを封印

黒田さんの2006年の始動は、背番号15に合わせた1月5日。廿日市市の大野練習場で自主トレをスタートさせた。例年より早いスタートは、この年の3月に開催される第1回WBC（ワールド・ベースボール・クラシック）に照準を合わせていたからだ。

カープからは黒田さんと新井選手のタイトルホルダーコンビが選出されていた。代表選手となっていた黒田さんは、忙しいオフの間も体を休めつつ、キャッチボールを合間に取り入れ、例年になく早い時期から体を動かしていた。

また外国人のブラウン監督に代わり、先発投手、特にエースとなる投手に対して求められるものが大きく変わった年でもあった。

「1試合を投げ切る」よりも、「1試合でも多くの試合に投げる」。それがエースに対するブラウン監督の要望である。常に先発完投を目指して投げてきた黒田さんにとって、これはとてつもなく大きな転換だった。

「ピッチングスタイルが変わる年。完投へのこだわりは一度なくした」

こう話す黒田さんだったが、なくしたというよりは、一度、胸にしまったというほうが正しい表現だったのかもしれない。

新生カープのエースとして、さらに日本代表の一員として、この年も重圧を感じながらのスタートであった。

「去年のことは忘れてまた今年。と言ってもまわりがそうは見てくれない」

タイトルを取ったことによって、周囲は「最多勝の黒田」として期待をかける。昨年の成績を超えないといけない。そういったプレッシャーを黒田さん自身も自分にかけていた。この1年で終わらせたくない。これをピークだと言われたくないという思いだ。

これは私たちの仕事などにも当てはまると思う。一度成功したり、実績を残したりすると、周囲からはそれ以上の結果が求められる。もちろん厳しいプロ野球の世界と比べてはいけないのだが、そうした期待に応えることで、信頼というものが生まれていく。黒田さんはこのようなプレッシャーに毎年打ち勝っていくことにより、カープはもちろん、その後のメジャーリーグにおいても大きな信頼を得ることができたのだ。

最多勝を取っても変わらない恐怖心

この始動から1週間後、まだ正月明けの余韻が残っている時期に黒田さんは横浜を訪れた。

黒田さんの行き先は「足と歩きの研究所」という施設。1年で微妙に変化する体型とフォームにぴったりと合うスパイクを作るために向かった場所だった。裸足の状態でシャドーピッチングを行い、足と地面の接地面を細かくチェックしていく。新たな試みにチャレンジする貪欲な姿勢はこの年も健在だった。

最多勝のタイトルを獲得しても、黒田さんの中にはマウンドに立つことへの恐怖心が変わらず存在している。この恐怖心があるからこそ、黒田さんは慢心することがないのだ。

始動を早めた黒田さんは、キャンプ前に沖縄で行われる先乗り合同自主トレにも久々に参加した。1月26日には2006年最初のブルペン入り。すべてが前倒しの調整は、例年より10日以上早い仕上がりを目指してのことだった。

しかし、その初投げにおいてマウンドの傾斜になじめなかったという黒田さんは、その原因を「傾斜の中で下半身が使えていない」と判断。ブルペン投球後、すぐさま近くにある陸上競技場の芝生スタンドに移動し、傾斜を使ってじっくり下半身のトレーニングを行った。ピッチャーとしてマウンドに立つまでの行程を、一つ一つ丁寧にトライ&エラーを繰り返して調整していく。もうこの頃の黒田さんは、「マウンドに上がるまでの準備」というものを、完全に自分のものにしていたように思う。年齢を重ねるにつれて体が変わっても、「自分がどれぐらいの状態にあり、何をすればいいのか」という客観的な分析のもと適正な準備を行う。これは徹底された自己管理能力のたまものである。

この自主トレ期間中において、私たち広島テレビは、黒田さんと倉義和選手（現カープ・2軍バッテリーコーチ）、石原慶幸選手の３人による食事風景をカメラ取材させてもらっている。いつも厳しい表情で戦う選手たちの柔らかい素顔を、ほんの少しでもファンの皆さんにお伝えできればと考えたのだ。しかし、束の間のプライベートタイムとはいえ、やはり話の内容は次第に野球のことになっていく。

「ブルペンでキャッチャーがどれだけピッチャーに緊張感を持たせられるか。そういうのがなければピッチャーも伸びてこない」
と黒田さんが熱く語る。チームが強くなるために望むのは、個々の意識改革。エースとして、選手会長としての思いだった。結局この食事シーンは、プロ野球選手の柔らかい表情ではなく、プロ野球選手としての厳しさがより鮮明になる映像となったのだった。

わずか8球の代表辞退

それはキャンプイン初日のブルペンだった。例年よりも2週間程度早めに仕上げるために取り組んできたこの年。さぁ、ここからペースを上げていこうとしていた矢先の出来事だ。

国際ルールに合わせ規制が強化される二段モーションに抵触する恐れがあるとして、黒田さんの投球フォームが審判から注意を受けたのだ。オフから微調整を行い、準備をしてきたはずのこのルール。それが2月1日、キャンプ初日にいきなり出鼻をくじかれることになった。

審判によっても見解がわずかに変わる、二段モーションの定義自体が微妙なラインのルールだったこともあり、はっきり「不安」という言葉を口にした黒田さんだったが、ルールはルール。試行錯誤しながら、一つ一つ課題をクリアしていくしかない状況になってしまった。

さらにこの時はもう一つ、このキャンプで黒田さんはWBC用のボールと、ペナントレース用のボールの2種類を用意して調整を続けていた。投げるボール、投げる球種によってまったく違う変化をするという状況も含めて、この春は決して順調なキャンプを過ごしたとは言えなかった。そんな状況でも代表合宿へ合流する3日前に行われた紅白戦では、WBC球で3イニングを無失点に抑える。

「なんとかここまで来たかな」

黒田さんはこの日の登板を少し安心したように振り返り、福岡で行われる日本代表合宿に合流していった。

アテネに続く日本代表メンバー入り。日本のエースとして、広島の黒田として、その力を世界へ見せつけるはずだった。しかし、2月24日に福岡ドームで行われたWBC日本代表対プロ野球12球団選抜の壮行試合において、黒田さんにまさかのアクシデントが起こる。8回に3番手として上がったマウンドで、大村直之選手（当時福岡ソフトバンクホークス）の打球が右手を直撃したのだ。なんとかボールを拾って一塁に送球したものの、黒田さんはそのまま緊急降板する。

「右手人差し指打撲」

診断結果が出たその翌日、一心に目指してきた夢の舞台ＷＢＣを、黒田さんは辞退する決断を下した。本当に迷った末の答えだったそうだが、その時の思いをこう語っている。

「カープで任されている責任のほうが大きいと思った」

無理をすれば投げられるかもしれない。しかし、開幕前のこの時期に無理をすれば、カープに迷惑をかけるかもしれない。そう考えると黒田さんにとってこれ以外の選択はなかった。

結局、ＪＡＰＡＮのユニフォームに袖を通した黒田さんの登板は、壮行試合のわずか８球で終わってしまったのだった。

新生カープのエースとして

　アクシデントから10日あまり、黒田さんは広島でセ・リーグ開幕に向けた準備を着々と進めていた。

「肩はできているので、後は指先の感覚次第」

　ある意味すっきりとした表情でこう話す黒田さんは、仕上がっている肩まわりの筋肉を落とさないトレーニングとランニングを中心としたメニューに取り組んでいた。

　誰もが憧れる夢の舞台に向け、早くから準備してきことが一瞬で水泡に帰したとしても、一度決断したらもう振り返ることはない。こういう潔さは一流の証。代表を離れてチームに戻ってきた黒田さんの顔は、完全にカープのエースとしての顔になっていた。

　3月12日には福岡ソフトバンクを相手に2006年オープン戦初登板。2回を無失点に抑え、その後の登板でも順調なピッチングを披露。代表離脱というアクシデントを乗り越え、打球を受けた影響も感じさせず、黒田さんは4年連続の開幕投手を務めることが決まっていた。

　タイトルホルダーとして臨むシーズンに向けて、アクシデントはあったものの順調な調整ぶりを見せた黒田さんは、開幕を目前に控え、広島テレビのインタビューに答えてくれた。

**「不安でいっぱいですよ。
バットに当たらないボールが投げられれば
自信はあると思いますけど、
そんなことはあり得ないので」**

私は何度も聞いてきた黒田さんのこの言葉が気に入っている。「絶対に打たれへんボール」「バットに当たらないボール」。これが投げられれば、ピッチャーとして絶対に抑えられるのに。そんな「絶対」というのは、野球においてあり得ないことを知っているからこそ、ユニフォームを脱ぐその日まで常に努力をし続けた人なのだ。誤解を恐れずに書くと、まさに「純粋な野球少年」。心の底まで野球の魅力に取りつかれないと、こんな真っすぐな考えができる大人には、なかなかなれないと思う。

その数日後、開幕2日前の囲み取材において、「開幕に向けやり残したことはない

post card

160-0022

恐れ入りますが
62円切手を
お貼り下さい。

東京都新宿区新宿5-18-21

(株)よしもとクリエイティブ・エージェンシー
コンテンツ事業センター 出版セクション

ヨシモトブックス編集部行

フリガナ	性別	年齢
氏名	1.男　2.女	

住所　〒□□□-□□□□

TEL　e-mail　@

職業　会社員・公務員　学生　アルバイト　無職
マスコミ関係者　自営業　教員　主婦　その他（　）

ヨシモトブックス　愛読者カード

ヨシモトブックスの出版物をお買い上げいただき、ありがとうございました。
今後の企画・編集の参考にさせていただきますので、
下記の設問にお答えいただければ幸いです。
なお、お答えいただきましたデータは編集資料以外には使用いたしません。

本のタイトル	お買い上げの時期
黒田博樹　人を導く言葉 エースの背中を追い続けた15年	年　月　日

■この本を最初に何で知りましたか?

1 雑誌・新聞などの紹介記事で(紙誌名　　)
2 テレビ・ラジオなどの紹介で(番組名　　)
3 ブログ・ホームページで(ブログ・HP名　　)
4 書店で見て
5 広告を見て
6 人にすすめられて
7 その他
(　　)

■お買い求めの動機は?

1 著者・監修者に興味をもって
2 タイトルに興味をもって
3 内容・テーマに興味をもって
4 書評・紹介記事を読んで
5 その他(　　)

■この本をお読みになってのご意見・ご感想をお書きください。

[　　]

■「こんな本が読みたい」といった企画・アイデアがありましたらぜひ!

[　　]

★ご協力ありがとうございました。

か?」と聞かれた黒田さんは、やはりこう答えている。

「やり残したこと、やることは（まだまだ）いっぱいある」

バットに当たらないボールを投げることができれば、もうやることはないだろうが、現実的にそんなことはあり得ない。だからこそやるべきことはたくさんあるし、向上心を持ち続けないと終わってしまう。これはまさに黒田さんの本音だった。

シーズン前最終登板と世界一

開幕前の最終登板は3月21日に行われた福岡・雁の巣球場の教育リーグ戦。つまり二軍メンバーが中心の試合だ。開幕直前に黒田さんが二軍の教育リーグで投げたのにはもちろん意味がある。その日の一軍の対戦相手が開幕戦の相手となる中日だったのだ。2年前の開幕戦、徹底的に分析され、対策を取られたことは記憶に新しかった。

同じ轍は踏まない。一つの勝利を挙げるための最大限の努力だったのである。

また、この日、カリフォルニアのペトコ・パークでは、第1回WBCの決勝戦、日本対キューバが行われていた。雁の巣球場にいた私を含めた取材陣も、目の前の黒田さんのピッチングを取材しながら、次々入ってくる試合経過に一喜一憂していた。きっちりと開幕前の最終登板を終え、アイシングをしていた黒田さんにも試合経過を伝える。日本が1点差に迫られると、

「マジか！　さすがにしびれるな……」

と黒田さんも思わずつぶやいた。晴れ舞台で戦う日本代表に対して、自身に起きたアクシデントを引きずっている様子はない。ただ純粋に日本代表を応援している姿がそこにあった。日本代表がアメリカで世界一の栄冠に輝いたその日、黒田さんもしっかり2006年シーズンの開幕に向けて最終調整を終えた。

中4日でも変わらないエースの哲学

2006年の開幕はナゴヤドームでの中日戦。2年前の開幕戦でKOされた因縁のカードである。黒田さんにとって開幕投手は4回目となったが、やはり独特の緊張感が球場を包んでいた。

中日の開幕投手である川上憲伸投手との投げ合いは互いに譲らず、ピリピリとした投手戦が続いた。両軍無得点のまま迎えた6回、カープは二死一、三塁のピンチとなる。さらに黒田さんの球数は100球に達しようとしていた。マウンドに内野陣の輪ができると、ベンチからブラウン監督も出てくる。黒田さんは交代も覚悟したという。付け加えると私も同じことを思っていた。この年の先発投手は100球をメドとするという球数制限を、監督が明言していたのだ。しかしこの場面での外国人新監督の言葉は、予想外のものだった。

「自分の一番いい球で勝負しろ」

ブラウン監督が黒田さんへの信頼を伝えたメッセージだったのだろう。結果バッテリーの選択したボールは、左バッターのインコースをつくストレート。セカンドゴロに抑えたマウンド上の黒田さんは、グローブを1度叩き、声を上げながらさらに2度叩いた。

2006年、黒田さんの開幕マウンドは6回を95球で無失点。中日に5点差をひっくり返された2年前の借りを返す雪辱の登板となった。その後もリリーフ陣が無失点リレー。新生カープの船出は、エースの力投に応える理想的な白星スタートとなった。

しかし、黒田さんにとって真価が問われるのは開幕以降。中4日ないし中5日登板という未知の挑戦が始まった。エースとして多くの試合に投げてもらいたいと考えるブラウン監督の方針の下、黒田さんの登板は次々にやってくる。

開幕から6月までの成績は5勝6敗。しかし、この数字だけでは本当の貢献度は見えてこない。負けが先行しているものの、防御率は1点台後半から2点台前半で推移。さらに私たちを驚かせたのは、100球がメドの球数制限の中、6月までの16登板で驚くことに4試合の「完投」があったことだ。

100球という球数制限があるなら、その制限の中でマウンドに立ち続ければいい。求められる役割は変わっても、黒田さんの中で山本前監督から叩き込まれた「エースの哲学」は何ら変わっていなかった。少ない球数で1試合を投げ切ろうとする黒田さんのピッチングは、1球1球に凄みのようなものさえ感じられた。

「目標は200イニングで防御率1点台」

いわゆる打者有利の「打高投低」と言われた時代。さらにプロ野球球団の本拠地の中でも、最も狭い球場だった旧広島市民球場を本拠地とする中で、黒田さんはとてつもなく大きな目標を密かに掲げていたのだ。

もう一人の男気

黒田さんが熱投を続ける一方で、入社5年目を迎えていた私は「テスト期間中」だった。週末のプロ野球デーゲーム中継が今より少なかった当時、一軍戦のテレビ中継はナイトゲームがほとんど。つまり夜7時から9時までの、いわゆるゴールデンタイムの放送である。

局としても、駆け出しのアナウンサーにいきなりそんなゴールデンの実況放送を任せるわけにはいかない。ある意味会社とすれば当然の判断の下、私に与えられた舞台は、週末に行われるファームの実況だった。

この規模の放送局としては珍しく、広島テレビはウエスタンリーグの中継を行っている。まず二軍戦から実況放送の経験をし、それから一軍の試合へと段階を踏んでいくのは、広テレのスポーツアナに受け継がれているキャリアの積み方だ。しかし、当時の状況は私にとっていささか厳しかった。二軍戦で実況経験を積んだからといって、すぐに一軍の試合で実況できるというわけではなかったのだ。

広島テレビが1年間に中継する一軍戦が9試合程度であるのに対し、先輩の実況アナウンサーが3人。普通に考えれば、私が一軍戦に入れる隙などなかった。よって私に課せられた試験は、「ファーム3試合の実況で合格点が出れば、8月3日に行われる一軍のナイターを実況できる」というものだったのだ。

試験を突破しなければ一軍の実況枠はもらえない。前章で書いたように、私は黒田さんの前で失態を演じていただけに、ナイターの実況デビューという結果で成長した姿を見せ、何とか恩返しがしたかった。

資料作成から実況のシミュレーションまでまさに死に物狂いで準備し、この実戦テストに臨んだものの、「持ってる人」と「持ってない人」でいうと、間違いなく「持ってない」部類に入る私は、まずその試験の舞台に立つことから苦労していた。

5月の最初のテストは、前日の夜から降り続いていた雨のため、試合が開催される由宇練習場に行くことなく雨天中止が決定。ウエスタンリーグは雨天中止の代替試合がないため、私にとってはテストそのものがなくなってしまったということになる。

迎えた6月の2試合目も雨予報の中、なんとか曇り空で耐えていた。スタッフバスで由宇練習場に向かい、カメラのセッティングなど中継機材の準備が着々と進む中、試合開始1時間ほど前からポツポツと雨が降り始める。少量の雨なら、試合さえ行われるなら、中継する準備はすべて整っていたが、雨脚はどんどん強くなり、試合開始予定時間の12時30分、雨天中止が発表された。これはさすがにこたえた。もうこのまま野球実況ができる日なんて来ないんじゃないかと本気で思うくらいだった。

私が〝この世の終わり〟みたいな表情をしていたのだろう。その表情を、私の隣に座っていた元プロ野球選手は見逃していなかった。

「今日、一軍は楽天と交流戦をやってるから。それ見ながら一緒に練習するぞ！」

そう言って私に声をかけてくれたのは、この年から広島テレビの野球解説者となっていた野村謙二郎さんだった。

それから野村さんの車に乗せてもらい、一緒に広島テレビまで戻ってきた私は、テレビモニターに映し出される一軍の試合を実況した。隣には解説者として野村さんが座ってくれている。もちろん放送電波には乗っていない。私と野村さんの二人だけの野球中継を聞いているのは、その日のウエスタンリーグ中継を担当するはずだったスタッフだけだ。

決して放送されることのない試合。しかし、練習とはいえ野村さんも真剣にやってくれたその姿に、この二人だけの野球中継は、テストのひとつとして認められることになった。

そして最終テストの7月、3度目の正直でファームの試合を実況。最終的に計2試合の実戦テストとなり、その結果、8月3日の一軍戦で実況するチャンスをもらえることになったのだ。

なお、この野村さんによる「放送されない実況解説」は、この時以来、私の後輩アナウンサーたち全員が経験させてもらっている。広島テレビのスポーツアナウンサーにとって、今も続くありがたい伝統となったのだ。これは私たちだけが知る、世に出ていない「野村さんの男気」だ。

こうして私は、憧れのプロ野球選手、黒田博樹を初めて実況するという運命の試合、8月3日のヤクルト戦を迎えることになったのである。

念願の初実況・先発黒田

この年、2006年7月の黒田さんはすごかった。4度の登板ですべて勝利を挙げ、1試合は完封勝利。まさに完璧な内容で自身3度目の月間MVPに輝いた。7月終了時点で9勝6敗、防御率2・06。次の登板は、2年連続の二桁勝利が懸かるマウンドだった。

迎えた8月3日。私にとって初の一軍実況の試合がやってきた。当時セ・リーグに予告先発はない。しかし、ローテーションからいって黒田さんが先発することはほぼ間違いないことだった。今でこそ年間25試合を越えるカープ戦の中継を行っている広島テレビだが、当時は年間9試合程度。その中の1試合で黒田さんに当たるという神がかり的な幸運もあり、もちろん前日はまったくといっていいほど眠れなかった。

まだまだヒヨっ子アナウンサーである私は、実況に向けた資料作りだけで寝る暇もないぐらいだったが、黒田さんの試合を実況できることでイレ込みまくっていたと思う。いろんな緊張感が襲ってきて吐きそうになり、試合直前まで何度もトイレに駆け込んでいた。

初実況のことは事前に黒田さんに伝えなかった。誰が中継しようと黒田さんやカープには何の関係もない。私も私で黒田さんから教えられたプロの仕事を自分なりに精一杯全うするだけだった。

午後6時、プレーボール。カープ先発は予想通り、黒田さんがマウンドに上がる。対するスワローズ先発はこの年ノーヒットノーランを記録していたガトームソン投手だった。投手戦が予想されていた中、2回裏に東出輝裕選手（現広島東洋カープ・一軍打撃コーチ）のタイムリーなどでカープが2点を先制する。好投手同士の試合において重要な先制点がカープに入ったことで、黒田さんのエースとしてのピッチングが注目された。

3回、先頭の1番・青木宣親選手に内野安打を許し、ノーアウトのランナーを背負う。このまま中軸を迎えると嫌な流れになるが、続くバッターをショートゴロダブルプレー。4回も一死一、二塁のピンチで田中浩康選手をセカンドゴロダブルプレーに打ち取る。ストレートにスライダー、そしてピンチの場面でのシュートを有効に使い分け、黒田さんはスコアボードにゼロを並べていった。

5回、勝ち投手の権利が懸かるこの場面でエラーのランナーを二塁に背負い、すでにこの日2安打を放っている青木選手をバッターボックスに迎えた。点差は2点。流れを相手に渡すとどうなるか分からない点差だ。ここで黒田さんは、この日まだ一度も投げていない、あるボールを投げた。

「フォーク」

その瞬間、放送席において隣で解説をしていた野村さんが、私の実況資料にすかさずペンを走らせた。この人も人間として本当にすごい。野球解説者として「今フォークを投げました」と言ってしまえばいいところを、初実況の私を守り立てようと、「実況のお前がしゃべるんだ」という無言のメッセージを送ってくれたのだ。

「野村さん、今フォークボールを投げましたか?」

「ついに今日の試合で初めて投げましたね」

ここぞという場面でフォークを使った黒田さんは、この回も無失点でしのいだ。その後も試合は緊迫した状況が続いた。6回以降、危なげないピッチングを見せていた黒田さんが、2対0のまま迎えた8回表のマウンド、二死走者なしの場面で岩村明憲選手にソロホームランを浴びる。

「黒田博樹！　マウンド上で口を真一文字！　この終盤で1点差となりました！」

この時の実況はよく覚えている。これでスコアは2対1。それでも次の4番ラミレス選手（現DeNAベイスターズ監督）をショートゴロに打ち取り、最小得点差で試合は9回に入っていった。

最終回、一塁にランナーを背負った黒田さんは、バッターボックスにここまでノーヒットの田中浩康選手を迎える。アウトカウントは1つ。キャッチャー倉選手の構えはインコースだった。

「バコッ」

完全に詰まった音がする。ボテボテの当たりがショートに。この日右バッターに効いていたシュートだ。梵英心選手からセカンドの東出選手、そこからファーストへボールが転送される。

「アウトッ!!」

審判が大きく右手を振り下ろし、この試合3つ目のダブルプレーが成立。その瞬間、黒田さんは9回1失点の完投勝利で2年連続5度目の二桁勝利を成し遂げた。最後まで投げ切ったにもかかわらず、球数は101球という省エネ投球。試合時間も2時間51分と短く、おかげで放送枠に試合終了まで収めることができた。

人生で最高の食事

今まで味わったことのない充実感だった。実況アナウンサーなら公平中立に実況すべきなのだが、カープファンとして、憧れの選手が投げている試合で、さらに勝ちゲームを実況できたというのは、かけがえのない喜びだった。

放送終了後はアナウンス部の先輩たちが打ち上げをやってくれた。初実況の重圧から解放され、疲労と喜びで夢見心地だった私に突然電話が入る。

「黒田さんと飯食っとるけど、来るか?」

私と黒田さんの縁を紡いでくれた、あの末松からだった。

快く送り出してくれた先輩たちに詫びを入れつつ、急いで向かった。いつもの和食店だ。入り口の暖簾をくぐると、正面のカウンター席に座っている黒田さんと末松の後ろ姿があった。

「二桁10勝目おめでとうございます！」

「おう、お前初実況やったらしいな。お疲れ」

人生で最高の乾杯だったと思う。初実況が黒田さんの試合にあたり、勝ち試合、さらに節目となる10勝目だ。私もやっとナイターの実況デビューを果たし、そんな状況で口にする食事が旨くないわけがなかった。

「そういや、口を真一文字言うてたな」

その瞬間、箸が止まった。目が覚めるとはこのことだ。あの岩村選手に打たれたホームラン。私がその実況をよく覚えていると書いたのは、この時の強烈な驚きがあったからだ。

「黒田さんっ、いつ見たんですかっ」

「別に見てへんよ」

いや違う。そう言って笑う黒田さんは登板後、すぐさまその日の試合をチェックしていたのだ。しかも抑えたシーンではない。打たれたシーンだ。黒田さんにとって、その日の登板を振り返るのは、次の登板に向けて当たり前の準備。だからこそ打たれたシーンを真っ先に確認するのだ。成功よりも失敗から学べることが多いことを、黒田さんは理解していた。

とてもいい夜だった。実況アナウンサーとして、黒田さんと初めて試合について、あるいは野球についてたっぷりと話すことができた時間だった。何より、いつもお世話になっている黒田さんと一緒に戦っているような気がしたことが嬉しかった。

あの時、プロとしての覚悟ができていなかった私を叱ってくれた黒田さんに、少しは恩返しできただろうか。帰宅して寝床に入ってからもずっとそんなことを考えていた。

88勝目のウイニングボール

次の日は移動練習日。週末の松山遠征に向けて、帯同メンバーは広島市民球場で練習後に移動し、残留メンバーは練習のみというメニューだった。黒田さんは登板翌日のケアでランニング以外はグラウンドにほとんど姿を見せていない。「やりきったと思える仕事をした翌日こそ、這ってでも球場に来るべき」と教えられていた私は、休日だったが球場に足を運び、練習を取材していた。

お昼を過ぎると練習も終わっていく。松山への移動のためロッカーに選手たちが下がっていった。私も他の記者たちと一緒にロッカー前へと移動しようとしたその時、グラウンドに残っていた倉選手が私に近づいてきた。

「おいモリタク、これ黒田さんから預かったんやけど」

と言って倉選手がボールを差し出す。公式戦で使っているボールだ。よく見ると、バットが当たった傷や土の汚れがついている。ぐるっとボールを見回すと、なんと黒田さんのサインが書かれていた。さらにはその隣に「2006・8・3　対ヤクルト」の文字がある。

「ウイニングボールやて。ちゃんと渡したで」

前日の試合でも女房役としてマスクをかぶっていた倉選手は、ニコニコ笑いながらロッカーへと下がっていった。

私はしばらくその場で呆然としていた。何が起きたのかよく分からなかった。私たち取材陣は、選手からサインボールを個人的にもらうことはほとんどない。会社のプレゼント企画などでもらうことはあっても、自分が家に持ち帰るようなことはまずないのだ。さらにこの場面は、選手から渡してくれたもの。しかもウイニングボールをもらうなんてことは到底あり得ないことである。信じられないと思うのが当然だった。

家に帰り、改めてそのボールをよく見る。確かに傷や汚れからも、実際に試合で使ったボールであることは間違いない。そしてサインは何度も見ている黒田さんのものだ。しかもその隣には黒田さんが普段はまず書かない日付と対戦チームが書いてある。これは現実なのだ。一人暮らしの家の中でニヤニヤしながら、私はいつまでもそのボールを眺めていた。

それから数日して黒田さんと会った時、すぐさまお礼を伝えたが、それに対する返答がまた黒田さんらしかった。

「そのへんのボール拾って書いてるかもしれへんやんけ」

こういうところが黒田さんの真骨頂なのかもしれない。一生の宝物になりそうなものを、自分の手で渡したりしない。決して仰々しくしない。とにかく、大げさになるのを嫌うのだ。まるで照れ隠しのように冗談を言い、感謝の意を伝えようとしても何事もなかったかのように振る舞う。

日米通算203勝。積み重ねた勝利数は、記録にも記憶にも残る偉大な数字だ。その数字の中のたった一つである通算88勝目。しかし、この88勝目のウイニングボール

サインと共に「2006.8.3　対ヤクルト」と書かれたウイニングボール

は、黒田さんの男気が永久保存された、私にとって最高の宝物である。

中4日登板の代償

黒田さんの快進撃は翌月も続き、8月の成績は4勝0敗、防御率は驚異の1・11。この夏場の2カ月間で8勝を挙げ、失点も9試合でわずか9点という圧倒的な成績を残した。他を寄せ付けない投球内容で、黒田さんは広島東洋カープ史上初めて、2カ月連続で月間MVPに輝くことになる。

「カープの歴史に名前を残せて嬉しい」

黒田さんにとって、カープ史上初という冠がついた表彰やタイトルは、実はこれが初めてのことだった。受賞会見で語ったこの言葉は、カープの一員であることに誇りを持っている黒田さんの素直な気持ちだった。

この8月を終えた時点で、すでに189イニングを投げた驚異的なスタミナ。その中で防御率は１・86を記録している。最終的に黒田さんは、この年の最優秀防御率に輝くのだが、1点台でのタイトル獲得は実に17年ぶりのこと。心に秘めていた「２００イニングで防御率1点台」という高すぎる目標も本当に達成間近だった。

８月最後の登板は31日。７回81球でマウンドを降りていた。前回の登板で１３２球を投げていたことから、疲労を考えてのことだと思っていた。しかし、９月４日の練習日、私が何も気づいていなかっただけということを思い知る。市民球場１階の小さな会見室に記者たちが集められ、黒田さんがその重い口を開いた。

「右肘、滑膜の炎症。抹消ということになる」

81球でマウンドを降りていたのは、投げている最中に感じた、初めてという肘の違和感が原因だったのだ。

この年、ブラウン監督から求められたのは、数多くの先発マウンドに立つこと。先発完投の信念を封印し、過酷な中４日の登板にも黒田さんは多くを語らず結果で応えてみせた。エースとしての責任を全身全霊で全うし、マウンドに立ち続けていたのだ。しかし黒田さんのその右肘は、主人の思いとは裏腹に、悲鳴を上げたのである。

「ケガしたのは残念だが、自分のプレースタイルなので納得している」

常にこの登板が最後になるかもしれないという覚悟でマウンドに立っている男にとって、ケガをしたことへの無念さはあっても後悔はない。

本当に目の前の試合に対し、すべてを懸けて挑んでいるのだ。こんな覚悟を持って生きている人が他にどれぐらいいるだろうか。この言葉を聞くと、黒田さんが毎試合いかに壮絶な戦いをしていたかということに改めて気づかされる。

この日、辛い会見を終えた黒田さんは、悔しさを胸にしまいながら、グラウンドを後にしていったのだった。

146試合のバトンリレー

黒田さんがチームを離れた後、それまでなかなか結果を残せていなかった他の投手陣に変化が見え始めていた。

全員が目の前の試合に魂をぶつけている。黒田さんのアクシデントがあり、私が勝手にそういう目で見ていただけなのかもしれないが、必死さというものを確かに感じていた。その理由を、当時の清川投手コーチが明かしている。

「防御率3点台、いきましょう」

これは2006年シーズンの初戦に投手全員で円陣を組んだ時、黒田さんが選手たちに呼びかけた言葉だったそうだ。この年まで、4年連続チーム防御率は4点台。当時カープは「弱投」とまで言われていた時代だ。それを投手陣全員で覆してやろう、見返してやろうという黒田さんの思いだった。

この時、間違いなくその言葉と気持ちを投手陣が感じていたはずだ。黒田さんがいない時だからこそ、投手全員でその目標に向かって必死に戦っていた。

そして2006年シーズンを終えた時、5年ぶりの防御率3点台は見事達成されることになる。清川コーチは「146試合のバトンリレー」という表現をし、黒田さんを中心にしたチーム全員の力だと称えたのだった。

過熱するＦＡ報道

黒田さんの復帰は、当初９月半ばだと思われていた。しかし、９月中旬を過ぎても下旬になっても、黒田さんはグラウンドに帰ってきてはいなかった。本人は１日でも早くと思い続けていても、肘の状態が万全にはなっていない。ブラウン監督も無理はさせず、ベストな状態でマウンドに戻したいという思いから、復帰はなかなか実現しなかった。

そんなもどかしい時期、肘の故障に加えて世間がざわついていたのはＦＡ権のことだった。この年の春にＦＡ権を取得していた黒田さんは、このオフの去就が注目の目玉となっていたのだ。

地元が大阪ということで阪神タイガース、父も所属した南海ホークスの流れを汲む福岡ソフトバンクホークス、さらには巨人、西武といった球団に、メジャー数球団まで興味を示しているという報道が流れていた。

資金力に乏しいカープはマネーゲームに参加しないという方針であり、これまで選手がＦＡ宣言をした場合、引き留めることはしなかった。しかし、この時の黒田さんに関しては、ＦＡ宣言後の残留も認めるという球団として最大限の誠意を見せようとしていた。

いつ一軍に復帰するのか、ＦＡはどうするのか、移籍するのか。報道がどんどん過熱していく中で、ついには黒田さんの自宅前に記者が張り込むところまで事態が大きくなってしまう。

渦中の黒田さんは本当に辛そうだった。戦線を離れたことでチームに迷惑をかけているという思い。さらに同僚たちがまだペナントレースを戦っているのに自分の去就ばかりが騒がれている状況。肘の状態も含め、黒田さんの気持ちがかなり疲弊しているのではないかと私は思っていた。

10月14日の食事

10月に入ると、黒田さんの復帰登板は「最終戦近くの広島での試合」になるのではないかと見られていた。10月14日の阪神戦か、16日の中日戦。その２試合に向けてファンも動きだしていた。

そして10月14日、予想通り黒田さんが約一カ月ぶりに一軍登録された。この日に登板があるかもしれないと広島市民球場に駆けつけたファンは２万２９４０人。順位が確定している消化試合では考えられない数だった。

ライトスタンドにはカープの歴史に名を残す巨大横断幕のメッセージが掲げられ、黒田さんの背番号である「15」の数字が赤く書かれた応援旗にはファンが残留の願いを込めて寄せ書きをしていた。

2回裏終了時、ベンチから出た黒田さんが、市民球場のライトスタンド下にあったブルペンに向かう。当時の市民球場では、ベンチからブルペンに向かうには、グラウンドを通らないと行けなかった。黒田さんに対し、割れんばかりの大声援が飛ぶ。ブルペンに入った後も、試合中のイニング間に黒田さんの残留を願う大小さまざまな旗が振られていた。

結局この日の登板はなかったが、黒田さんにもファンの気持ちは届いていただろう。試合終了後、ブルペンからベンチに引き上げる黒田さんの背中にも、決して止むことのない熱い声援が送られていた。

この日の試合終了後、球場のロッカー前に私はいた。黒田さんに叱られ、本気でカープ取材をすると決めて以降、私には続けていたことがある。選手全員が帰れば、記者の皆さんもロッカー前を離れる。その最後の一人になるまで球場から帰らないと決めていたのだ。

その日もロッカー前には誰もいなくなっていた。あの大声援を送っていたライトスタンドも静寂に包まれている。私もそろそろ帰ろうかと思っていた時、ロッカーから予想もしていなかった人が出てきた。

「今から何かあるんか？」

黒田さんだった。

「いや、もう帰るだけです」

「じゃあちょっと行こか」

それから黒田さんについて、グラウンド脇を歩いて行く。当時の市民球場は大きく分けて出口が二つあった。紙屋町電停側に出る球場正面口。そして商工会議所側、いわゆるレフト側の出口だ。そのレフト側出口につけてあったタクシーに黒田さんと二人で乗り込む。まわりには黒田さんから一言をもらおうと数人の記者が待ち構えていた。このＦＡ騒動のタイミングで、なんでお前が黒田さんと一緒にいるんだという記者の皆さんの視線を避けるように、私は下を向いて小さくなっていた。

二人きりの食事の席だった。黒田さんはこれまでと変わらないいつもの黒田さんだ。しかし聞けない。絶対に聞けなかった。当然記者としては失格だ。このチャンスにFAのことを聞き出し、その言葉をスクープとして世に出す。それが私の仕事であるはずだ。しかし、これだけ苦しんでいる黒田さんがふと一息ついている時間を壊したくなかった。

結局FAのことは一言も口にすることなく、いつものように食事をしただけの夜だった。ただひとつ、私はこの時、思っていたことがある。

満員のスタンドの中で試合がしたいというのは、黒田さんが常に持ち続けた思いだった。野村さんの引退試合のマウンドで見た光景。あれが黒田さんの心にずっと残っていたのだ。あの日と同じ大観衆の景色が広がったこの10月14日の市民球場。その喜びを誰かと共有したかっただけなのではないか。FAで騒がれ、一人になりたいはずの時にあえて誰かと一緒に過ごす。それほどの高揚感をこの日の大歓声が黒田さんにもたらしていたのではないだろうか。

カープ残留を決意した理由

そして迎えた10月16日の最終戦。黒田さんは9回二死から実に46日ぶりとなるマウンドに立った。プロ野球人生で唯一のセーブを記録した試合。一人のバッターに対してわずか4球という、あっという間の短い登板だったが、球場全体が熱狂的な黒田コールに包まれた、今も語り継がれるシーンである。

「優勝する時はこんな感じなんかな」

試合後すぐに、黒田さんはこう語った。今になって振り返るとこの言葉は重い。まさに黒田さんはビジター球場とはいえ大観衆の中で胴上げされることになるのだが、それにはまだ10年もの歳月を待たなければならなかった。

順位がすでに確定していた消化試合で、たった一人のバッターに対しての登板。この復帰登板に必要性はなかったのかもしれない。しかし、肘の状態が万全ではない中、思いを伝えようと集まった大観衆のために、黒田さんは感謝の気持ちを込めてマウンドに上がったのだ。一人の選手とファンの間にできた絆。この日、真っ赤に埋め尽くされた広島市民球場の最終戦をもって、激しく揺れ動いた黒田さんの2006年シーズンは終わりを告げた。

それから3週間後の11月6日、すべてのカープファンの記憶に刻まれる、あの会見が行われる。

「カープファン、そしてカープの選手を相手にボールを投げるっていうのが想像つかなかった」

記者会見を開いた黒田さんは、FA宣言をせず、カープに残留することを表明。残留を決めた理由についてこのように語った。

他球団へ移籍した場合、投げる相手はカープの選手だけではない。カープファンも相手なのだ。それを想像した時、移籍を決断する気にはなれなかったという。最後の最後まで悩んだそうだ。ある日の昼に決断をしても、その夕方には自分でその決断を覆そうとする。それぐらいギリギリまで自分を追い込んでいたのだ。その黒田さんが会見中、「ファンの力が大きかった」と何度も口にしたように、最後はファンの熱い想いが黒田さんを残留に導いたのだ。

黒田さんにとってもカープファンにとっても、そして私にとっても激動の年となった2006年。私は実況アナウンサーとしてやっと第一歩を踏み出すことができた。この年のカープは、開幕投手だった黒田さんの一球で始まり、チーム残留を決めた黒田さんの一球で幕を下ろしたのだった。

第5章
海を渡る日
2007年

2007年　26試合　12勝8敗　防御率3.56

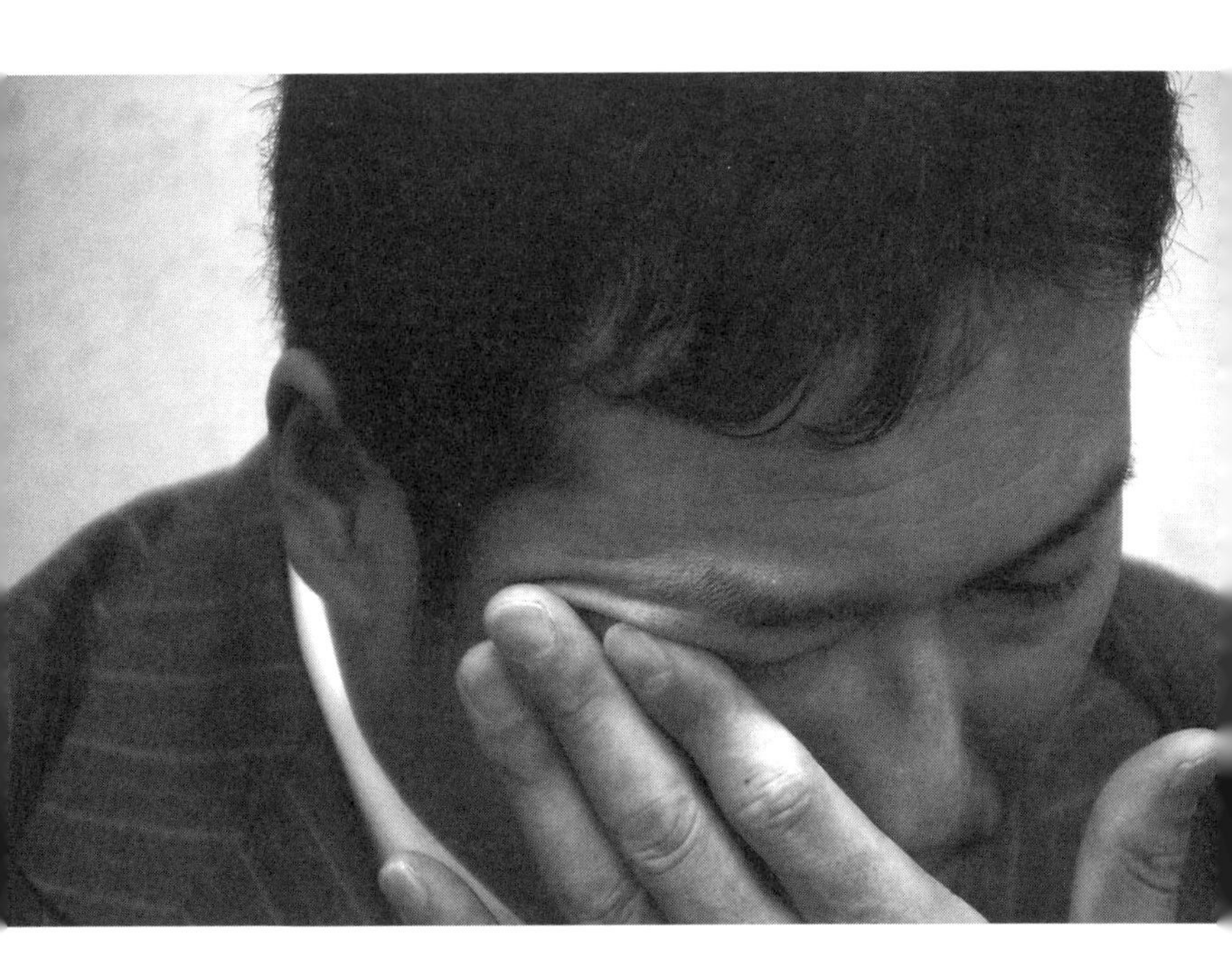

突然の右肘手術

カープ残留を発表した直後、黒田さんは肘の検査をするためにアメリカへと渡った。ブラウン監督からの強い要請があったのだ。あくまでも検査のための渡米であったが、日本をひと時離れ、シーズンの戦いとＦＡ騒動で疲弊した心身をリフレッシュさせる意味合いもあったのかもしれない。

アメリカではブラウン監督の人脈から、肘や肩を専門とするスポーツ医学の権威ルイス・ヨーカム博士（当時アナハイム・エンゼルスチームドクター）に診てもらうことが決まっていた。あのトミー・ジョン手術の名医として知られ、普通は診察をしてもらうことも難しいというほどの医師だという。そんな名医の診察を受けた黒田さんは、思わぬ決断を迫られることになる。

「先のことを考えて、手術しておいたほうがいい」

黒田さんの右肘は、関節の中で炎症を起こしていた。通称「ねずみ」と呼ばれる剥がれた骨の一部を取り除く必要があったのだ。簡単な手術ということだったが、黒田さんにとっては初めての手術。投手が肘や肩にメスを入れることに対し、慎重になるのは当然のことだった。

術後は本当に100%の状態に戻れるのか。さすがに少しナーバスになったという黒田さんは、2日ほど現地で考えることになった。結局ドクターとの話し合いの末、そのままアメリカで手術を受けることを決断する。

全身麻酔で30分ほどの手術。内視鏡で取り除いた「ねずみ」という骨のかけらは2つあった。フイルムケースのような透明のプラスチック容器に入ったねずみをその後に私も見せてもらったが、形や大きさは米粒サイズだ。白というよりは肌色に近いその骨のかけらが、黒田さんの右肘の中で欠けていたのだった。

ピッチングスタイルの変化

FA騒動に揺れた黒田さんのオフシーズンだったが、アメリカから帰国後は少し落ち着きを取り戻していた。例年通り、1月5日に始動した頃は、この2007年シーズンに向けて肘の状態が注目されていたし、改めて去年の成績を振り返る余裕が我々ファンのほうにもできていた。

「FAばっかかであまり触れられんかったしなぁ」

この当時、黒田さんは冗談でよくこんなことを言っていた。

ここで改めて黒田さんの2006年の成績を振り返りたい。13勝6敗1S、防御率1・85、投球回189・1／3（完投7）という成績。2005年の最多勝に続く個人タイトルとなる最優秀防御率を獲得した。防御率1点台も快挙であるが、100球前後が交代のメドとなる起用法にあって完投7試合は驚異的な数字といっていい。故障やFA騒動の陰に隠れてしまう形となったが、2006年も黒田さんは目を見張る成績を残していたのである。

打たせて取る投球術を磨き、少ない球数で完投する試合を経験していく中で、シーズン当初と後半ではピッチングスタイルが変わったと黒田さんは言う。

「ピッチャー心理として
バットに当てられたくないという怖さがあったが、
当てられても内野ゴロを打たせられるというか。
なんかひとつ殻を破れた気がした」

これまでなら三振を取りたいという気持ちでいっぱいだったのが、ランナーを一塁に置いたらダブルプレーを取りにいく。三振はここぞという時だけ取れればいい。そういうピッチングをしていると、自然と球数が減っていったというのだ。

以前は「絶対に打たれへんボールを投げたい」「バットに当たらないボールを投げたい」と常々語っていた黒田さんだったが、理想とするスタイルが大きく変わっていた。今まで必死に目指していたゴールを変えることは、決して簡単なことではない。ところが黒田さんは、その変化が「妥協」ではなく、「進化」であるなら変わることをまったく恐れないのだ。

バットに当てられてもアウトを取ればいい、ホームまで返さなければ失点にはならない。そういった柔軟な発想から熟練の投球術を身に付けていったのがこの時期だったように思う。メジャーリーグから帰ってきた時、これがアメリカ流のピッチングスタイルだと言われていたが、その土台はすでに海を渡る前からある程度確立されていたのだ。

プロとしてキャリアが10年を過ぎ、30代になっていた黒田さんは、ピッチャーとしてさらに一段階上のレベルに到達していた。

慣れと向上心

右肘の状態を確認しつつ、慎重に春季キャンプ初日を迎えた黒田さんは、キャンプにおいて少しずつ肘の不安を取り除いていった。32歳の誕生日の翌日2月11日には、この年初めてキャッチャーを座らせてのピッチング。手術の影響がほとんどないことを確認すると、その後は「手術したことを忘れるぐらい」と本人が言うほど、例年通りのキャンプを送っていた。

さらに、オープン戦でも登板を重ね、順調な調整ぶりをアピール。カープの草創期を支えた長谷川良平さん以来、実に50年ぶりとなる5年連続の開幕投手を務めることは決定的であった。

この頃、黒田さんがテレビカメラの前でつい漏らした本音がある。

「毎年、開幕2~3日前から気持ち的にもちょっと不安になってくる」

マウンドに上がるのが怖いと思うからこそ、常に努力し続けることを選んだ人だ。さらに黒田さんは、エースとしての責任感が人一倍強い。だからこそ、そのシーズンにおけるチームの命運を占うと言ってもいい「開幕投手」の重圧は計り知れないものがあったのだろう。

開幕後のある食事の席でのこと、開幕投手の話題になった時、私はふと「慣れというものはありませんか？」と黒田さんに質問した。

「慣れたらあかんやろ」

これが黒田さんの答えである。慣れるということは、結果に対してこだわりが小さくなっているということ。エースとしてシーズン開幕のマウンドを任される以上、結果に対して責任を持たなければならない。何度開幕投手を務めようが責任の重さは変わらないし、緊張感に慣れることもないのだ。

今思えば失礼な質問だったと反省しているが、私にとっては開幕投手という選ばれし者の重圧を思い知らされた貴重な思い出でもある。

日本で、あるいはカープで野球をする以上、開幕投手は黒田さんにとっていつまでも特別だ。半世紀を超えるカープの歴史において、5年連続で開幕投手を務めた投手は、長谷川良平さんと黒田さんのただ二人しかいない。

相手を思いやる心

その開幕直前で私はやってしまった。プロ野球の取材では、先発投手に対して登板日は話を聞かないという暗黙のルールがある。

それは登板日に向けて数日前から準備を進める先発調整の邪魔をしないという配慮からだ。だから先発投手への登板に向けた囲み取材というのは、登板日の前日もしくは前々日に行われる。

この年も開幕前々日に、開幕投手である黒田さんの囲み取材が行われた。私は本音を聞き出そうと、いろいろと聞いてみるが、あまりいい答えは返ってこない。それどころか、黒田さんは早々に取材を切り上げてしまった。

それから数日後の食事の席で、黒田さんは私に教えてくれた。

「あんなピリピリしてる2日前とかに本音言うわけないやんか。開幕投手と分かってんなら、もっと前に（聞きに）来い。そしたらたっぷり話したるよ」

黒田さんにはすべてお見通しだった。他の記者の皆さんがおそらく普通にやっていることを私は当時まだできていなかったのだ。取材者として相手を思いやる姿勢。それは相手の状況だったり心理状態だったり、相手のことをよく考えればおのずとできることなのだ。

週に一度の先発登板へ向けての調整があるならば、どの状況でなら気持ちに余裕があるだろうか。時間を多く割いてもらうのなら、どのタイミングが最適だろうか。投手にしろ野手にしろ、その選手が普段どういったスケジュールで練習をしているのか把握していれば、答えはちゃんと見つかる。

　これはどんな仕事にも共通する教訓だと私は受け取っている。この一件以降、「本音を聞くタイミング」について考えることは、私の取材活動において大事な柱のひとつとなっている。

過去のダメな自分を受け入れる

相変わらず黒田さんは開幕戦に強かった。この2007年も勝利し、その後さらに5連勝するなど、エースとして見事なピッチングを続けていた。

　そして、8勝5敗で迎えた7月14日、東京ドームでの巨人戦。この日はプロ通算100勝目を懸けて臨むマウンドだった。さかのぼれば1997年の4月25日、黒田さんはプロ入り初先発初勝利をこの東京ドームで飾っている。それから10年の歳月が過ぎ、球界のエースとなってこの日の試合を迎えていた。

　立ち上がりから安定した投球を続け、この頃リーグトップだった巨人の強力打線を封じ込めると、女房役である倉選手の3ランホームランなどでカープ打線も黒田さんを援護。9回のマウンドでは、古城茂幸選手のセンター前に抜けようかという打球に対し、黒田さんは右足を出してボールを止める。最後まで気迫を見せて戦う姿に東京ドームのファンが沸いた。

１０３球の熱投。初勝利を挙げた時と同じく、プロ通算１００勝目もまた、巨人を相手に東京ドームでの完投勝利だった。ベンチ前で花束を掲げる黒田さんがたくさんのフラッシュを浴びながら、ここまで積み重ねた勝利への感謝を口にする。しかし私がこの１００勝達成で印象に残っているのはこのシーンではなく、東京ドームから帰ってきた黒田さんとの食事の席で聞いた話だ。

節目の１００勝の話はもちろん、やはり同じ東京ドームでの初勝利の話になっていた。わけもわからず、無我夢中で腕を振った初登板。あの頃を思い浮かべながら黒田さんはこう続けた。

「俺は1年目に勘違いしてしまった。けど、それに早く気づけたんかな」

あの黒田さんが、いや黒田さんでさえ、「俺はやれるかも」というような勘違いをしていた時代があったという。

ルーキーながら先発ローテーションに入り、規定投球回もクリア。翌年もある程度やれるだろうと思って臨んだ2年目のシーズンは、わずか1勝に終わっている。防御率も6点台に沈んだ。そんなシーズンのとある夜、同僚と車で出かけた黒田さんは、助手席でハッとしたそうだ。

「俺はいったい何をやってんのや。プロ野球選手やないんか」

自分はプロ野球選手なのに、野球に対して本気で向き合わなくていいのか。このままで後悔しないのか。もっと甘さを捨てる必要があるんじゃないのか。そうやって自分自身に問いかけ、野球との向き合い方を改めた夜があったのだ。

黒田さんは、そんな自分の格好悪い過去も隠すことなく語ってくれる。失敗を受け止め、その失敗と真摯に向き合える人間だからこそ、ここまで成長を続けることができたのだ。黒田さんにとってこの節目の100勝は、過去のダメな自分を改めて思い出す1勝でもあったようだ。

1年前と違った本拠地最終戦

100勝を挙げた翌週には、自身2度目のファン投票でのオールスター出場を果たし、後半戦の初登板でも完投勝利。7月終了の時点ですでに二桁勝利を達成し、最多勝争いにも名を連ねていた。しかし、この2007年は夏場の勝ち星がなかなか伸びなかった。8月は未勝利。次の白星を獲得するまでには、実に45日もの日数を要することになったのだ。

実はこの時、黒田さんには不幸が重なっていた。8月17日に元プロ野球選手で黒田さんを野球の道に導いてくれた父・一博さんが他界していたのだ。黒田さんらしく、当時はあまり多くを語らなかった。

「当然その間は勝ててなかったわけなんで、なかなかしんどかったけど、もう自分がやれることは、マウンドでしっかり投げるしかない」

私が聞くことができた言葉はこれが精一杯だ。しかし、母に続いて父まで失った悲しみの中、たった1試合の先発を回避しただけで黒田さんは投げ続けていた。こんな時でもエースとしての責任を全うしたのである。

黒田さんが1カ月半ぶりの白星を挙げ、季節が秋を迎えようとする頃、球界は慌ただしかった。プロ野球再編問題で選手会会長として尽力し、全国的に人気を集めていた東京ヤクルトスワローズの古田敦也選手兼任監督（現・野球解説者）が引退を表明していたのだ。

その古田選手の功績を称えた引退セレモニーが、非常に珍しいことではあるが、カープの本拠地である広島市民球場でも行われた。そしてこの試合が黒田さんの2007年シーズン最終登板でもあった。結果的に、メジャーリーグへ移籍する前の最後の登板となる。

その試合の終了後、決して大きくはない声で、ポツリと言った黒田さんの言葉が今でも忘れられない。

「今日、めっちゃお客さん少なかったな」

その日の観衆は７６３９人。1年前の真っ赤に染まったスタンドが嘘のようだった。決してこのことがチームを離れる原因になったとは思わないし、黒田さんもそんなことで移籍を決めるようなことはない。ただ、私が感じたスタンドの寂しさというものは、黒田さんも感じていたのではないかと思う。この時からすでにカウントダウンは始まっていたのである。

メジャーリーグへの移籍を表明

２００７年のシーズンオフ、カープで注目を集めたのは、黒田さんと新井選手という「エースと四番」のＦＡの動向だった。

私はこの２００７年から、これまでも本書の中で紹介してきた広島テレビのスポーツ番組『進め！スポーツ元気丸』のレギュラーとなっていた。毎週日曜日の放送の中でこのＦＡ報道に触れるたびに、「これからカープはどうなっていくんだろう」という不安を感じていたような気がする。

一度ここで、当時の黒田さんの動向を時系列で振り返ってみる。

シーズン終了後、まず黒田さんは前年に手術した右肘の再検査のために、10月21日から渡米。私がＦＡ権行使の意向を黒田さんから伝え聞いたのは、10月31日の渡米報告会見の場だった。

「今年は退路を断つつもりで。日本シリーズ明け2、3日以内に宣言する」

ＦＡで悩むのは今年で最後。その覚悟だった。

前年の残留会見から考えると国内球団への移籍はない。黒田さんの去就はメジャー移籍か、カープ残留か、その2択に絞られた。

「向こうで見てきたワールドシリーズの雰囲気をこの球団で体験できたらとは思う」

世界最高峰と言われるアメリカ・メジャーリーグの舞台。大観衆の中で優勝争いをしているメジャーリーガーたちの雄姿を現地で見てもなお、黒田さんはカープで野球をやっている自分の姿を想像し続けていた。

11月5日、話していた通り、黒田さんはＦＡ宣言に必要な書類をカープ球団に提出した。黒田さんにとって初めてのフリーエージェント宣言だ。

「メジャーからオファーがあるかどうかも分からない」

地に足をつけ、浮かれず、あくまでも冷静にこう話す黒田さんは、米オクタゴン社のスティーブ・ヒラード氏と代理人契約を交わし、オファーの報告を待つという状況だった。しかし、これほどの投手をメジャー球団が放っておくはずがなかった。

11月28日、代理人たちと初会談し、メジャーの複数球団からオファーが届いていることが伝えられた。ヒラード氏が言う。

「とても高い評価です。このオフで最も高く評価されている選手の一人です」

この時に初めてほっとしたと語った黒田さんは、いよいよメジャー球団との本格交渉に入っていった。

そして、2日後の11月30日、黒田さんの姿は広島市民球場にあった。

球場1階の小さな会見室。詰めに詰めても30人入れるかどうかというような場所で、

「球団にメジャー挑戦する意向を伝えさせてもらった」

カープ史上初となるメジャーリーガーの誕生が報告された。

この時、カープファンへの想いを聞かれた黒田さんは、いつもの冷静さが突然乱れ、溢れる想いを堪えることができなくなる。

「もう……感謝の気持ちでいっぱいです」

何十秒だっただろう、いや数分だったかもしれない。黒田さんは言葉を発することができなかった。広島に別れを告げた瞬間に湧き出た想い。今思えば、引退会見ですら涙を見せなかった男も、カープファンへの感謝を語る時だけは、感情をコントロールすることができなかったのだ。

メジャーの入団会見で見せたカープ愛

その後、黒田さんは12月12日にロサンゼルス入りし、ドジャースと3年契約を結んだことが明らかとなった。年俸総額は3530万ドル。約40億円という大型契約だ。家族にとって生活環境が良いこと、ドジャースが優勝を狙えるチーム体制を築いていることなどが決め手になったようだ。

日本時間の12月17日の午前5時、黒田さんが青いユニフォームに袖を通し、外国人に囲まれて会見を行っていた。この会見のことは今でもはっきりと覚えている。

「広島東洋カープから来ました黒田博樹です」

その会見後、すぐにドジャースタジアムへと足を踏み入れた黒田さんに、アメリカならではのスケールの大きな歓迎サプライズがあった。スコアボードに「黒田博樹投手ドジャースへようこそ」と映し出されたのだ。タイミングが間に合わず、なぜか「08」のユニフォームで会見に臨むというアクシデントはあったものの、メジャーリーガーとしての背番号は、日本のエースナンバー「18」に決まり、いよいよ黒田さんの新たな挑戦が始まろうとしていた。

時差の関係から、日本時間でいうとそれからわずか2日後の12月19日、黒田さんたっての希望で広島でもドジャース入団報告会見が行われた。たくさんのメジャー球団からオファーがあった事実、ドジャースを選んだ経緯、黒田さんは一つ一つ丁寧に答えていった。そして入団会見において、まず「広島東洋カープから来ました」という表現を使ったことについては、このように語っている。

「メジャーで一球も投げていないピッチャーがこんな評価してもらっていいのか戸惑いはあるが、それはカープでの実績を評価されてのこと。カープから来たのは事実だし、向こうのメディアの人にも（広島東洋カープという球団を）知ってもらいたかった」

FA騒動がありながらも、最後までぶれなかった黒田さんのカープへの想い。だからこそ私たちは、旅立つ黒田さんに対して、いつでも帰って来てほしいという気持ちで送り出したのである。

さて、黒田さんの言葉ではないのだが、この章の結びにおいてどうしても紹介しておきたい、私の先輩による言葉がある。当時『元気丸』を一緒に放送していた田坂るりアナウンサーの言葉だ。

とにかくカープ愛の深いこの先輩の、未来の歓喜を予期しているかのような言葉に、今はただ驚きとともに感慨深いものを感じずにはいられない。

「広島は黒田博樹を失うのではなく、どこまでも進化する男の目撃者になるかもしれない」

写真：Kyodo / Getty Images

ロサンゼルス・ドジャース入団会見。アクシデントにより「08」番のユニフォームで会見に臨むも、チームからは日本のエースナンバーである背番号「18」が与えられた

第6章
メジャーリーグ
2008~2014年

LAD	31試合	9勝10敗	防御率3.73
LAD	21試合	8勝 7敗	防御率3.76
LAD	31試合	11勝13敗	防御率3.39
LAD	32試合	13勝16敗	防御率3.07
NYY	33試合	16勝11敗	防御率3.32
NYY	32試合	11勝13敗	防御率3.31
NYY	32試合	11勝 9敗	防御率3.71

黒田さんと離れて

入社1年目からカープ担当として黒田さんを取材し、個人的にも付き合いをさせてもらうようになってからは、より近い距離で黒田さんを見てきた。私がプロ意識の低さを指摘されて涙したエピソードは前述したが、そのように誤魔化しが効かない人なので、常に胸を張って黒田さんと会えるように自分なりに精一杯仕事に取り組んできたつもりだ。

食事の席で一緒になるといつも楽しい時間を過ごしていたが、黒田さんに会う時は背すじが伸びるというか、心地よい緊張感をもって接していたように思う。黒田さんから教えられたこと、学んだことは私の財産であり、今でも仕事をするうえで礎となっている。

しかし、黒田さんは新たな挑戦をするために海を渡った。取材、または食事の席で毎週のように会うことはもうできない。黒田さんが見ていない間、成長が止まっているようでは、再会した時にすぐ見抜かれてしまうだろう。

次に会う時はもっと成長した姿を見せなければいけない。メジャーリーグに挑む黒田さんと時期を同じくして、２００８年の4月から私は、『進め！スポーツ元気丸』における役割もいちキャスターからメインキャスターへと変わり、求められるものが大きくなろうとしていたのだ。

アメリカで戦うために

メジャーリーグのキャンプインは日本よりも半月ほど遅い。黒田さんはアメリカへ向かう前に広島市民球場で自主トレを行っていた。カープ球団から、オフシーズンのトレーニングに使用して構わないという申し出があったからだ。

例年通り1月5日に始動した自主トレーニングは、トレーナーと二人だけで行い、メジャーリーグのボールを使用するなど、改めて「ドジャースの黒田博樹」になったことを実感した。

この頃の広島市民球場はまだまだ本格的な冬の寒さの真っ只中だ。その冷たい空気を切って、センター後方から1塁側ファウルグラウンド付近まで、この時期にしては驚くほど長い距離の遠投を行う。黒田さんのその姿からは、並々ならぬ決意が垣間見えた。新天地に臨む挑戦者の目をしながら、３週間後の1月26日、日本での自主トレを打ち上げたのだった。

そして、いよいよドジャースでのキャンプが始まる。

「戦いに行くようなものなので、楽しみというのはあまりない」

こう話した黒田さんは、抜けるような青空の下、メジャーリーガーとしての第一歩を踏み出した。黒田さんの動向を伝えるため、全国放送の各局に混じって広島テレビも取材班を送り出す。黒田さんと互いに信頼関係を構築していた末松（当時広島テレビ・ディレクター）がその取材を担当することになった。

2008年2月、キャンプ地であるフロリダ州ベロ・ビーチに入った末松は、青いトレーニングウェアに身を包んだ黒田さんを見て、ただならぬ緊張感を覚えたという。もうやるしかない。ここだけに向き合わないといけない。そんな思いを感じ、近づけない空気があったそうだ。練習メニューが次々とオートメーションで切り替わるメジャー特有のキャンプに対応しながら、覚悟を持って調整を進める姿を、末松は見てきたのだった。

「向こうの野球をやるのだから、向こうのやり方で準備をしないといけない」

この言葉も黒田さんらしい。日本ではエースと呼ばれ、１００勝を超える実績を積み上げてきた男が「郷に入っては郷に従え」の精神でメジャー流のキャンプに順応しようとしている。貪欲に新しいことを取り入れる黒田さんにとっては、この慣れないキャンプも成長するきっかけなのかもしれなかった。

滑るアメリカのボールや硬いマウンド、言葉の壁など、すべての環境が違う中で、黒田さんはメジャー1年目のシーズンを迎えようとしていた。

変わらない気遣い

黒田さんが海を渡ってからというもの、なかなか情報が入ってこなかった。近くで取材ができず、テレビで試合を見ることしかできないというのは、こんなにも分からないことだらけなのかと痛感していた。

当時スマートフォンはまだない。日本にいた頃の黒田さんとのやり取りは、直接電話をするか携帯メールだったので、海を渡った後の連絡手段はパソコンのメールのみとなった。また、黒田さんにとってはアメリカへ戦うために行っているのだから、邪魔になってはいけない。特にその緊張感に直に触れてきた末松とは、メールをするタイミングなども話し合うくらいだった。

結局、私のほうからメールを入れたのは、4月のメジャー初勝利、あと一歩で完全試合だった7月のアトランタ・ブレーブス戦、地区優勝を決めた日……。本当にここぞというタイミングだけだった。海の向こうの黒田さんをテレビで見ながら、「メールしました?」と末松と確認し合う日々。その分、シーズン後の帰国時にともにする食事の席は、それはもう貴重な話ばかりだった。

メジャーリーガーの体の大きさに驚いた話、地区優勝とはいえついに優勝を経験した喜び、シャンパンファイトの歓喜など――。さらに、登録メンバー全員がベンチ入りする25人枠ロースターによって生まれるチームの一体感の話などは、私が子供の頃に見た映画『メジャーリーグ』のような、聞いていてワクワクするものだった。

また、パワーで持っていかれることがあったシュートを、少し沈ませるシンカーのように進化させたり、フォークの変化を少し小さくさせたり、黒田さんは柔軟な対応力やピッチングへの探求心を、メジャーの舞台に行っても発揮していたのである。

メジャー1年目のオフ、私は恥ずかしながら自分の結婚式に黒田さんを招待しようとしていた。結局は当日に黒田さんの予定がすでに入っており、実現しなかったのだが、式の日に私を含めた親族一同が驚く出来事があった。

「森さん、お花が届いています！　黒田博樹さんからです……」

式場入りした私のもとに担当者がそう言いながら飛んできた。そこにはなかなか見ることがないような大きな花輪に「ロサンゼルス・ドジャース黒田博樹」と書かれていた。出席者の皆さんは、私たち新郎新婦とではなく、その花輪と一緒に記念撮影をしていたものだ。

メジャーリーガーとなり、手が届かない存在となっても変わらない、黒田さんの粋な計らいだった。

本書において、これまでも黒田さんを形作る要素について紹介してきたが、この「変わらなさ」というところは黒田さんの最も大きな魅力ではないかと思う。あくなき向上心によって黒田さん自身はどんどん成長していくにもかかわらず、その信念や人と接する心根の部分はまったく変わらないのだ。

黒田さんへのインタビュー

黒田さんが海を渡って以降、私自身はスポーツに関する仕事が本格化していた。広島テレビで1993年から続く看板番組『進め！スポーツ元気丸』のメインキャスターとして、カープやJリーグのサンフレッチェ広島、さらには高校サッカーなどのアマチュアスポーツまで取材は多岐にわたった。

黒田さんに「日本シリーズもあるやんか」とプロとしての心構えを諭されたプロ野球実況においても、さすがに日本シリーズにはまだたどり着いていなかったが、実況アナとしてひとつの目標となるカープ対ジャイアンツ戦での実況を担当したのもこの頃だ。相変わらず叱られることも失敗することもあったが、駆け出しの頃に黒田さんから学んだプロとしての覚悟を胸に、私自身も自分なりに必死で戦っていたのだと思う。

そんな中、オフの自主トレ期間に、広島テレビが行う黒田さんのインタビュー取材を私が担当させてもらうことになった。黒田さんと親交があるのを知っていた番組スタッフの計らいに感謝しながら、私にとっては黒田さんに今の自分の実力を見てもらういい機会だとも思っていた。だからこそ下手なことは聞けない。この数年間、お前は何をやっていたんだと思われるようなインタビューには絶対にしたくなかった。

カープファンも、黒田さんの言葉を聞く機会が圧倒的に減っている。目指すのは、黒田さんにも、その声を届ける視聴者にも良かったと感じてもらえるようなインタビューだ。プレッシャーの大きい取材ではあったが、質問を練りながら「どんな話が聞けるんだろう？」とワクワクする楽しみも感じていたのは、私自身が少し成長したということなのかもしれない。

インタビューを行ったのは２０１０年の１月。オフシーズンの自主トレを広島で行う黒田さんのトレーニング場所は、この頃、広島市民球場から新設されたマツダスタジアムへと変わっていた。観客席スタンドの長い階段を上り下りしながら球場を一周する。下半身のメニューが終われば、広い外野のグラウンドを使ってキャッチボールや遠投を行う。その姿には同じくマツダスタジアムで自主トレを行うカープの選手たちもこぞって熱い視線を注いでいた。

この年はドジャースでメジャー3年目を迎えるシーズンだった。それまでの2年間はともに二桁勝利に届いていない。特に2年目は脇腹を痛めたり、頭部に打球を受けるアクシデントがあったりして規定投球回にも届かず、不本意なシーズンに終わっていた。だからこそドジャースとの3年契約の最終年にあたるこの年の決意を、黒田さんは「集大成」という言葉で言い表した。

「今シーズンで、もしかすると野球ができなくなるかもしれない」

この時、野球人生の終わりを意識し始めていることを、黒田さんがカメラの前で語った。もちろん黒田さんが毎試合最後の登板のつもりでマウンドに上がっていることは知っている。しかし、最後のシーズンになるかもしれないというような、「選手としての終幕」の話を聞いたのはこの時が初めてだった。

故障もあってローテーションが守れず、勝ち星も伸びない現実。「オファーがなければ野球をする場所がない」と黒田さんは言うのだ。さらには35歳という年齢に、頭部に打球を受けた後遺症。この頃からすでに引き際をどうするかは、黒田さんの頭の片隅にあったのだと思う。

そんな発言をみずから結果で覆し、この年の黒田さんはメジャーで初めて二桁勝利を達成した。インタビューで語っていたオファーも数球団から届く中、ドジャースと単年で再契約。単年契約にこだわったのは、「一年一年に野球人生を懸ける」という黒田さんの覚悟を示している。

帰る場所はひとつ

それは翌2011年の1月、メジャー4年目を前にした黒田さんのインタビューだった。フリーエージェントとなり、ドジャースと再契約した黒田さんは、好成績が示しているようにピッチングで多少の手応えをつかんでいたようだ。

「1年間まずはケガせずまわれれば、何とかやっていけるんじゃないか。二桁勝利は最低限しないといけないと思う」

またひとまわり体が大きくなったように感じる黒田さんが一つ一つの言葉を紡ぎ出して質問に答えていく。さらにはこのオフ、黒田さんの去就が注目されることがあった。ドジャースと再契約するまで、一部でカープ復帰という報道も出ていたのだ。それについては迷惑をかけたと詫びながら、黒田さんはこのように答えた。

「手を挙げてくれるなら、
当然帰ってくるところはひとつしかない」

2011年初頭、すでに黒田さんははっきりとカープへの想いを口にしていたのだ。

さらに黒田さんは続けた。

「必要とされる選手であり続けるためにも
今年めいっぱい自分のピッチングをし、
1年終わったところでどういう気持ちになるか」

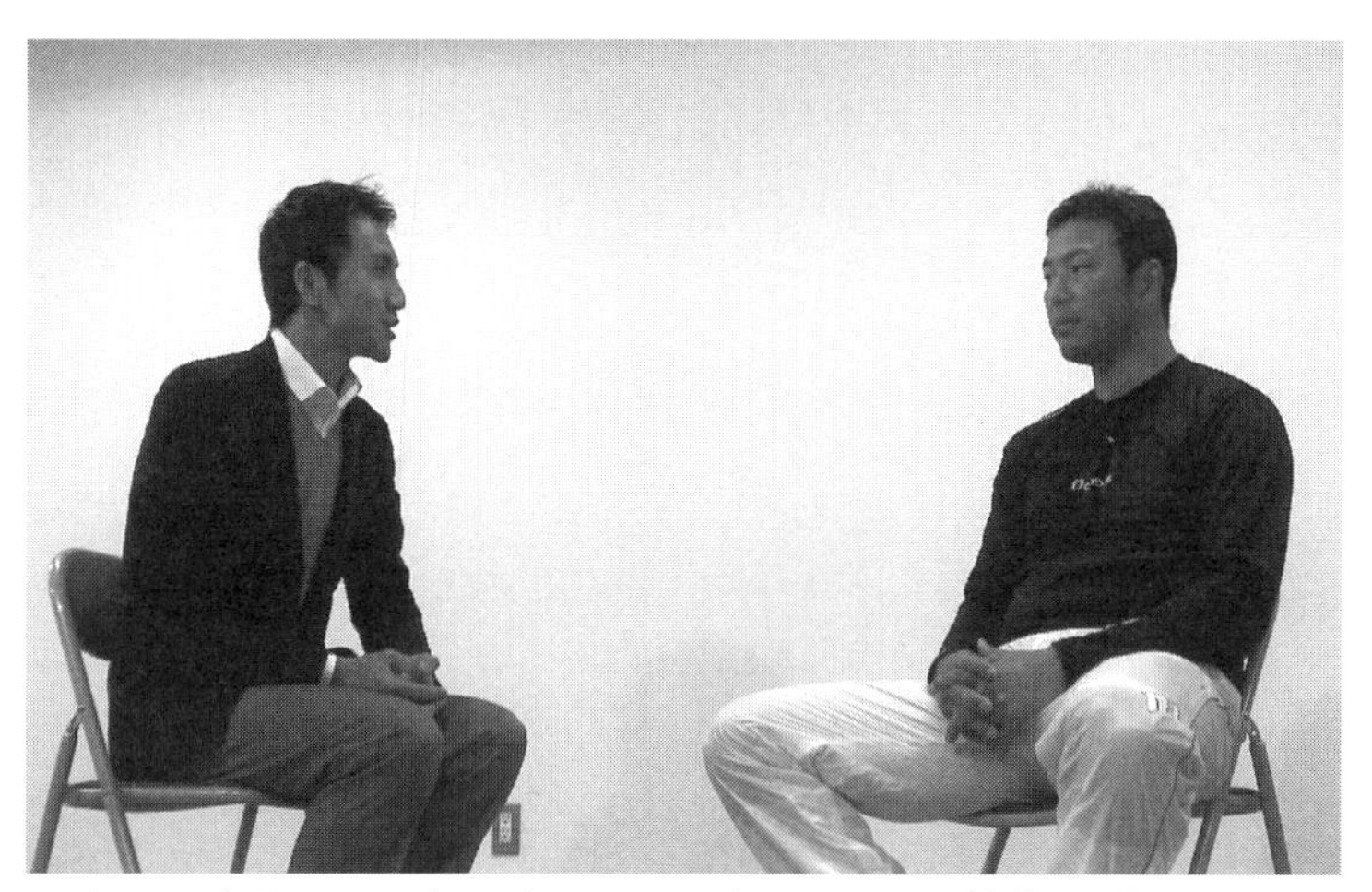

メジャー4年目のシーズンに向けてマツダスタジアムで始動した黒田さんにインタビュー。アナウンサーとしての成長を見せる機会に恵まれた

戦力にならないような状態でカープに復帰することは、黒田さんの考えになかった。メジャーへ送り出してくれたカープに、ただ恩返しのためだけに戻ってくるのではない。一人のプロ野球選手として、カープの戦力になれなければ黒田さんにとっては戻る意味がないのだ。

ファンからすれば、多少力が落ちた状態でも黒田さんには戻ってきてもらいたい。広島のファンは間違いなく大歓声で迎えるはずだ。しかし黒田さんの哲学はそれを良しとしないのである。

この頃の黒田さんは、毎年シーズンを終えるたびに、自分がどのように野球人生を締めくくるのかを考えるようになっていたのではないだろうか。だからこそ、翌2012年、名門ニューヨーク・ヤンキースに移籍した後も、単年契約にこだわり、一年一年魂を込めてプレーしたのだ。

この年のインタビューでは、黒田さんがいかにカープのことを大事に思っているかが改めて確認できた。もう私たちができることは、その覚悟を見届けることだけだった。

ピンストライプのユニフォームに袖を通した黒田さんは、本当に格好良かった。ニューヨークのファンの大歓声を背に、ヤンキースタジアムのマウンドに立つ黒田さんを見た時、誇らしい気持ちになるとともに、どこか遠い世界へ行ってしまったようにも感じた。それだけニューヨーク・ヤンキースというチームは特別だったのだ。

「ここまで来たか」

多くのカープファンがそう思ったように、私も同じ思いで「ヤンキースの黒田博樹」をテレビ画面の向こうに見ていた。

ヤンキース初年度の２０１２年、いきなりキャリアハイの16勝を挙げ、地区優勝にも貢献。その後もヤンキースでは3シーズンにわたってローテーションをしっかり守り、３年連続で二桁勝利も達成した。

予想できなかったカープ復帰

この頃、黒田さんの活躍をテレビで見ては、末松と二人で「黒田さん、帰ってきますかね?」とこんな話をしていたのだが、メジャーリーグを代表する投手の一人となった黒田さんが、この状況でカープへ復帰することなど想像できなかったのは私だけではないだろう。あの電撃復帰は私にとっても驚き以外の何物でもなかったのだ。

結果として黒田さんのメジャー最終年となる２０１４年シーズンが終わると、ＦＡとなった黒田さんの去就がにわかに騒がしくなってきた。

ヤンキースは一年契約で引き留められる「クオリファイング・オファー」を黒田さんに提示しなかったため、メジャー数球団が獲得に動くと見られていた。その中には古巣ドジャースも含まれているという記事を読んだ私は、住環境も考慮した総合的な判断として、「ドジャースに復帰するんだろうな」と漠然と考えていた。

10月半ばには帰国していた黒田さんと食事をしたが、移籍の話なんかは当然出ない。例年のように海の向こうの話に心を躍らせた。劇的な結末となったデレク・ジーター（元ニューヨーク・ヤンキース）の引退試合に先発した話など、スケールの大きな話に私は圧倒されていた。

この時、特に印象的だったのがメジャーの先発ローテーションに関する話だ。よく、「中4日」と言われる登板間隔である。登板日から間を4日空けて次の登板を迎えるが、メジャーでは登板しない先発投手も全試合ベンチに入るのだ。プレーボール時間が19時過ぎなので、試合が終わって帰ると早くても23時。すでに日付が変わっていることもある。さらにはアメリカの広い国土を移動する中で時差まで発生するのだ。

「中2日みたいなもんや」

こう語る黒田さんは、なかなか体の回復が追いついてこないこともあり、正直しんどいとも話していた。

今にして思えば、このままメジャーで投げ続けると、戦える状態でカープに戻ってくることができなくなるという思いが、黒田さんの中にあったのかもしれない。しかし、そういった予兆をこの時の私が感じることは一切なかった。

12月の初旬、再び黒田さんと会った。この年、「広テレ落語会」というイベントを立ち上げ、その本番が目前に迫っていた私は、このことを黒田さんに話していた。

「お前そんなんやるんか。じゃチケット買うわ」

「え、黒田さん来てもらえるんですか？」

「アホか。そんなん誰かにやるに決まってるやろ」

そのまま黒田さんは私から、結局10枚ものチケットを買ってくれた。もちろん当日、黒田さんにチケットをもらって来場した人は10人どころか1人もいない。私が始めた手作りのイベントに対しての、黒田さんなりの激励だったのだ。やることが粋で、恩着せがましくないのは相変わらず。ヤンキースのスター選手が、私の主催する小さなイベントのチケットをわざわざ買ってくれるなんて、よく考えたらすごい話だ（おかげさまで「広テレ落語会」は現在も毎年開催している）。

黒田さんと会ってから3週間ほど時が経ち、迎えた落語会当日の朝だった。日付で言うと、あの2014年12月27日だ。

「黒田博樹投手 カープに復帰」

黒田さんからさらに大きなプレゼントが、その日の地元紙一面を飾っていた。

第7章
最高の引き際
2015~2016年

2015年　26試合　11勝8敗　防御率2.55
2016年　24試合　10勝8敗　防御率3.09

カープで優勝するために

ついにこの日がやってきた。

2015年2月16日午後1時。毎年カープが新人入団会見を行っているホテルの会場に、黒田さんが颯爽と姿を現す。相変わらず服装のセンスがいい。アメリカでの自主トレで真っ黒に日焼けした体を紺のスーツで包み、金屛風の会見席に腰を下ろした。

「今までの野球人生の中で一番多い報道陣に戸惑っています」

黒田さんがこう切り出したのも無理はなかった。地元広島の放送局は地上波で5局しかないにもかかわらず、この日のカメラは約30台。大きな披露宴も行えるくらいの会場がメディアでいっぱいになっていた。

まさに「フィーバー」という言葉が当てはまる光景。この会見に先立ち、黒田さんが広島空港に到着した際のファンの大歓迎も、全国ニュースのトップで扱われるほどだった。

「これでよかったかと思うこともあったが、広島のファンを見て、やはりこの決断でよかったという気持ちです」

黒田さんの復帰会見で強い印象を与えたのは、「一球の重み」という言葉だった。残り長くはない野球人生において、カープのユニフォームで投げる一球のほうが、重みを感じられるのではないかというあの言葉だ。

確かにこれほど印象的で「男気」を感じる言葉はない。しかし、私がこの会見でより心に残ったのは、ここに挙げたようなカープファンへの思いだった。約10年前のあの日のスタンドを、やはり黒田さんは忘れていなかったのだ。

「2006年FAの時、ファンに心を動かしてもらった。今度は僕がファンの心を動かすことができれば」

アメリカでプレーしている間も、黒田さんはカープファンの熱い思いを忘れていなかった。そして、渡米前より衰えるどころか、より大きな存在となって広島に戻ってきた。「今度は僕がファンの心を動かすことができれば」という言葉に気づかされる。そう、黒田さんはファンとただ再会するために戻ってきたのではない。本気で優勝するために戻ってきたのだ。

大混乱の春季キャンプ

それからすぐに合流したカープの沖縄キャンプには、ファンや報道陣が殺到し、大混乱となった。沖縄入りの空港、球場入り、練習グラウンドに向かうカート。一挙手一投足に熱い視線が注がれる。歩いて移動する際はファンが押し寄せてしまうことから、我々取材スタッフが手を広げ、黒田さんが歩けるスペースを確保するような混乱ぶりだった。

さらに、ブルペンで投げれば何重もの人垣ができる。とてもじゃないが、私が気軽に話しかけられるような状況ではなかった。黒田さんの存在が大きくなりすぎて、以

溢れんばかりの報道陣がつめかけた黒田さんのカープ復帰会見。広島に限らず、全国ニュースにおいてもトップで扱われるほどの大フィーバーとなった

前のように声をかけることを躊躇してしまった部分もあったと思う。キャンプ期間中、とうとう私が黒田さんと個人的に言葉を交わすことは一度もなかった。

そんなキャンプ中、黒田さんの懐に飛び込んだ一人の投手がいる。背番号14、大瀬良大地投手だ。ある日、多くの選手がビジターの試合に向かい、居残り組で練習していた時、カープの蔦木（つたき）トレーナーは黒田さんのケアを行っていた。黒田さんは決して一人黙っていたいわけではないが、若手が遠慮してなかなか声をかけづらい状況が続いていたため、蔦木さんはこの状況を変えたいと思っていたそうだ。黒田さんのケアをしながら、蔦木さんはおもむろに大瀬良投手の部屋へ一本の電話をかけた。

「今、黒田さん、部屋でケアしてるから、話を聞けるチャンスだよ」

その電話を受け、すぐに黒田さんのもとへと向かった大瀬良投手はその後、偉大なレジェンドからたくさんの話を聞き、多くの貴重な経験をしていくことになる。熱狂と混乱に包まれていた沖縄キャンプではあったが、こうしたスタッフの尽力もあり、黒田さんの野球哲学が今のカープ投手陣に少しずつ伝えられようとしていた。

しばらくして、私と黒田さんにも言葉を交わす機会が訪れる。キャンプが終わり、オープン戦の期間に入った頃だったと思う。試合前練習の取材のため、グラウンドに出る階段のところに私はいた。ロッカーなどがあるダグアウトに背を向け、グラウンドを見ていた私の腰の部分に、ポーンとグローブが当たった。

「モリタク、何しに来てんねや」

グラウンドへと向かって行く黒田さんだった。黒田さんはこれまでと同じように、私を「モリタク」と呼んだ。ほんの一瞬のことだったが、何かすごくほっとしたのを覚えている。高まる期待の中、大きなプレッシャーを背負って調整を続ける黒田さんに、気を遣わせてしまう形になってしまったが、私にはその気遣いが心に染みた。どれだけスター選手になっても、やはりこの人は変わらない。そう思えた瞬間だった。

過去の実績で勝てる試合はない

久々となった日本のキャンプにも徐々に慣れていった、というより思い出していった黒田さんは、順調にオープン戦の登板へと調整を進めていた。

日本球界復帰後、初めてマツダスタジアムでの登板となったヤクルト戦では、メジャーで培ってきた「フロントドア」「バックドア」を効果的に使って内外角を攻め、日本球界に衝撃を与えるピッチングを見せた。この試合があまりにも印象的すぎて、それから多くのスポーツ番組やスポーツニュースなどで、黒田さんの投球術が分析され、何度も取り上げられることになったくらいだ。

そして開幕を目前に控えた3月22日。マツダスタジアムでのホークスとのオープン戦で、黒田さんは開幕前の最終登板に臨んだ。7回を無失点に抑えた内容はさすがと思わせるピッチングで「調子が悪いボールもうまく使いながら投げられた」と振り返っていた。

「順調だ」

私たち取材陣はそう報道していたし、ファンもそう感じていたと思う。オープン戦3試合で防御率1・04という数字を残しているのだ。しかし、そんな中でただ一人、そうは思っていない人物がいた。当の本人、黒田さんである。この時、開幕前最後の登板を終え取材を受ける黒田さんのコメントには、なぜか一切の余裕が感じられなかったのだ。

「シーズンに入って、これから中6日とかにまた対応していかないと」

「日本人打者もメジャーの打者も、バッターを抑えるのはどこであろうと大変なことは変わらない」

メジャー通算79勝。ドジャースとヤンキースで5年連続二桁勝利。メジャー球団のオファーを蹴って帰ってきた現役バリバリのメジャーリーガー。そういった実績やオープン戦の結果を考えれば、もっと余裕があってもおかしくないはずだった。これまでと同じように、開幕前の緊張感なのだろうか。そんなことも少しよぎっていた私の考えは、まだまだ浅いということをその時知る。

囲みの記者陣からさらに質問が出た。

「今日の開幕前最後のオープン戦で、試したことは？」

黒田さんの言葉の語気が明らかに強くなったのを、そこにいた取材陣全員が感じたと思う。

「もう試してる余裕ないし、結果出さないといけないですし」

過去の実績は黒田さんにとってはほとんど関係のないものだった。過去の実績だけで勝てる試合などない。だからこそ黒田さんは努力を怠ることがないのだ。帰国してすぐのキャンプでジョンソン投手にカーブの握りを熱心に聞いていたのもそういった姿勢の表れだ。

改めて黒田さんの、プロとしての仕事への向き合い方を感じた瞬間だった。プロとして最も重要なのは目の前の試合で結果を出すこと。メジャーでどれだけ実績を積み上げても、その心構えは一切変わっていなかった。

帰ってきたカープの背番号15

2015年のシーズンが開幕し、黒田さんにとって2740日ぶりとなる日本プロ野球公式戦復帰登板の日がやってきた。2015年の3月29日、日曜日のデーゲーム。早い時間からマツダスタジアムの前には黒田さんの歴史的復帰登板を見ようと長蛇の列ができていた。

この日、私は地上波放送のベンチリポートを担当していた。リポーターは試合前のシート紹介、いわゆる「選手呼び出し」のアナウンスも担う。呼び出しは、ホームベース後方にある場内アナウンス室の手前、グラウンドより一段下がったスペースで行っていた。野球のポジションで言う数字の9、つまりライトから順にコールしていく。キャッチャーの會澤選手まで紹介し、私は軽く深呼吸をした。

「先発ピッチャー、黒田博樹！」

あの時のスタジアムの揺れを、私は忘れることができない。よく大きな歓声を「地鳴りのような」と表現するが、そんなレベルではなかった。3万人の大歓声がスタジアムを覆い尽くし、体のみぞおちあたりまで響いている。そんな歓声を浴びながら、マウンドの中心に背番号15が立っているのだ。

呼び出し終了後は、すぐさま放送に戻らないといけないのだが、私はしばらくその場から動けず、涙がこぼれてしまったのを悟られないようにしようと必死だった。

いざ試合が始まると、緊迫した展開が続く。オープン戦で好投を見せていた黒田さんも、この試合は独特の緊張感があったのだろう。毎回のようにランナーを背負いながらも、粘りの投球でスコアボードに0を刻んでいった。

結局7回を無失点で投げ切った黒田さんだったが、リリーフが8回に1点を失い、2対1の1点差とされて迎えた9回。抑えのヒース投手が得点圏にランナーを背負い、ベンチリポーター席がある通路も騒然となっていた。

黒田さんの球史に残る復帰戦勝利が消えてしまうのではないかという緊張感が、スタンドにも広がっている。しかし、緊迫したこの場面で相手のスワローズがまさかの動きを見せた。スクイズを敢行し、これが本塁タッチアウト。マツダスタジアムは緊張の糸がほどけるように、一転して大歓声に包まれた。

このピンチを切り抜けあとアウト1つ。最後のバッターがライトフライに倒れ、黒田さんは見事に8年ぶりの復帰登板で勝利投手となった。

救ってもらったヒーローインタビュー

黒田さんが8年ぶりのカープ復帰登板で勝利投手となり、私もベンチ裏で冷静さを失い大興奮していた。この後、黒田さんのヒーローインタビューに臨むことが決まっていたからだ。しかし、この興奮が私にとって大きな失敗を生む結果につながってしまう。

カープファンを前にして行われる黒田さんのヒーローインタビュー。ファンの熱い

凱旋マウンドで見事に勝利投手となり、ヒーローインタビューのお立ち台に。
スタジアムを埋めたファンの大歓声を受け、一瞬感極まった表情を見せる

想いを改めて黒田さんに感じてもらおうと考えた。お客さんにも、この特別な試合を思い出に残るものとしてもらいたいと思った。そこで私はヒーローを呼び込む前に、普段やらないことをひとつ足した。

「黒田投手を、皆さんの『お帰りなさいコール』でお迎え下さい。せーの！」

……私の呼びかけは思い描いたような結果にはならなかった。お客さんに呼びかけている間に、黒田さんがベンチからお立ち台へ向かってきてしまったのだ。歩を進める黒田さんに悲鳴のような歓声が送られ、私の呼びかけはかき消されてしまった。コールは失敗に終わった。普段やらないことは、特別な時こそやらないほうがいいという教訓だ。私がコールを呼びかけたタイミングが悪く、お客さんたちの声も揃うわけがなかった。スタンドがざわついている。やってしまった……。そう思いながらマイクを向けた私を、黒田さんが一言で救ってくれた。

「広島のマウンドは最高でした」

隣に立っていて驚いた。黒田さんは真っ赤に染まったマツダスタジアムを眺めながら、うっすらと目に涙を浮かべているように見えたのだ。私が余計なことをしなくても、黒田さんはファンの熱さを感じられる。ファンも黒田さんと特別な時間を過ごせる。私は余計なことをせず、ただ黒田さんの言葉を素直に届けるだけでよかったのだ。

スポーツ中継に関わって10年以上経つにもかかわらず、私はこんな大事な場面で初歩的な、そして大きな失敗を犯してしまった。８年ぶりに黒田さんと同じ空間で仕事をすることで、何かを残したいという余計な欲が出てしまったのかもしれない。しかしそのミスを一瞬で救ってくれたのは、プロとしての黒田さんの素直で真っすぐな言葉だった。

その後、この試合のことを黒田さんと話す機会があった。

「お前、あれは出すぎや」

プロの仕事として足りないものには、包み隠さずにはっきりと指摘する。懐かしさすら感じる8年ぶりの黒田さんの厳しさと、心に染みる優しさだった。

馴れ合いはしない

本人の不安をよそに順調なスタートを切り、早くも3勝目を挙げた4月25日の阪神戦。ここである事件が起きた。

1対1で迎えた2回裏、一死一塁の場面。打席の黒田さんは当然送りバントの構えをする。そこに阪神の藤浪投手のボールが3球連続で体の近くに行き、2、3球目は黒田さんが体勢を崩して避けるくらい厳しいコースだった。3球目をバッターボックスで倒れるようにして避けた後、黒田さんがバットを持ったままマウンドの藤浪投手に向かって一、二歩進む。何かを言っているが私たちには聞こえない。両軍ベンチから選手が飛び出し、一触即発の状態となった。

その日の試合後、このシーンについて黒田さんに質問が飛び交った。

「お互い勝ちたいと思っている中、チームの士気のためにも僕がヘラヘラしてるわけにはいかない。そうやって投げるのはもちろん理解できるが、戦う姿勢を持たないといけない」

思い出した。球界の中でお互いに認め合い、親交のある他球団の選手はいる。野球経歴の中で先輩に対して試合前に挨拶へ行くことも間違っていない。しかしプロである以上、どんなに仲が良くてもグラウンドでは戦う者同士。一度グラウンドに入れば、相手チームの選手と長々談笑するようなことをしなかったのが黒田博樹という選手だった。

だからこそ真剣勝負の中での出来事なら厳しい攻めも仕方ないと思えるし、

「グラウンドで起こったことなので引きずることではない。いい素材のピッチャーだからこそ」

という藤浪投手へのコメントも黒田さんの本心なのだ。

少し極端な言い方をするなら「馴れ合いをしない」ということだろうか。例えば我々の世界でいう職場の同僚や取引先の友人と、お互いを甘やかすような関係になってしまってはどちらも成長できない。お互いにプロフェッショナルとして接し、ともに高め合っていくのが理想の関係と言えるのではないか。

勝負の場では戦う姿勢を見せ、戦いが終われば同じ世界で頑張る後輩としてエールを送ることも忘れない。この日の黒田さんの姿は、実に多くのことを教えてくれる。

右足首のアイシング

この日の試合後、当然藤浪投手の件に質問が集中した。しかしその囲み取材の輪にいた私には、それとは別にひとつ気になることがあった。

記者に囲まれる黒田さんが、肩だけでなく、右足首にもアイシングをしていたのだ。少なくとも私が黒田さんを見てきた中で、そこに氷嚢を当ててる姿は見たことがない。気になりながらも、その日は勝ち投手となったこともあり、その場で聞くことはしなかった。

それから3日後の試合前練習でのこと。黒田さんが先発調整のルーティンのため、マツダスタジアムの外野に向かおうとするタイミングで声をかけた。他の記者はいない。黒田さんと私の二人だけだ。

「こないだの囲みの時、右足首にアイシングされてましたね」

「もう8年くらい前からかなぁ……」

黒田さんが冗談を言う時の顔だった。

「その頃、日本いらっしゃいましたよ。やってなかったです」

私も少し笑いながら返す。

「……」

「……」

早出のバッティング練習をしている選手たちの乾いた打球音だけが響く。その様子を二人で見ながらの少しの沈黙の後、黒田さんが口を開いた。

「絶対言うなよ」

右足首のアイシングは2、3試合前からやっていたこと。その痛みは、キャンプの時から少し気になっていたこと。もはやこの歳になれば、体のケアは全身いたるところにまで及んでいること――。

カープ復帰後、順調に進んでいるように見えた黒田さんだったが、その裏では満身創痍の戦いを続けていたのだ。そして最後、さらに真剣になった表情でこう言った。

「たったひとつの部分で投げられなくなることもあるしな」

ピッチングというのは繊細な動作であり、何かひとつ崩れればすべてがダメになることもある。「最後の一球になるかもしれない」という思いは、それで終わっていいという気持ちではなく、いつ終わってもおかしくないという危機感の表れだ。そういった不安を抱えながらも一度やると決めたらやり通す。それが本当に最後の一球とならないように、黒田さんは思うようにならない自分の体に必死で抗い続けていたのだ。

その翌日、次回登板に向けての記者囲み取材を受けた黒田さんは、もちろん右足首のことは一言も言わなかった。

「いつもと変わらない。自分の調子の中でベストなピッチングをするだけ」

しかし、その5月1日のヤクルト戦では明らかに本調子ではなく、6回5失点で負け投手となった。「言うな」と言われている以上、そのことは私の胸の中にしまったままだった。

2日後の5月3日、黒田さんは日本球界復帰後、初めて登録抹消となった。理由は右足首の炎症。神宮でのピッチングの言い訳にはせず、長いシーズンを見据え、他の箇所への負担がかからないようにするための判断ということだった。右足首に注射を打つなどいろいろな方法でやってきた回復が、中5日や中6日では間に合わなくなってきたというのだ。

それでも先発ローテーションを一度とばしただけで、すぐに一軍のマウンドに帰ってきた。チームの精神的支柱でもあった黒田さんは、先発ローテーションの責任を全うする自分の姿勢が、若いカープ投手陣に与える影響の大きさを自覚していたのだ。

追い求めるボールが変わった

若い頃の黒田さんに、私が聞いていた「目指すボール」。これは「絶対に打たれへんボール」だった。その黒田さんがメジャーから8年ぶりに帰ってきた時、取材やインタビューでこう答えるようになっていた。

「100球投げて全部思い通りにできたら、もうやることはない」

ここに黒田さんの、いやピッチャーとしての最終進化形があるのではないだろうか。野球というスポーツは、打たれたとしても本塁を踏ませなければ負けることはない。ヒットの本数や三振の数で勝敗が決まるわけではないのだ。

黒田さんはもはやバットにボールを当てられることを嫌だと思っていなかった。打たせて取るピッチングの片鱗は渡米前から見せていたが、先発ローテーションを守るために、その試合を9回まで投げ切るために、何よりチームの勝利のために、「思い通りのボールを投げてアウトを取る」という理想を追い求めていたのだ。

若い頃より体力が衰えても、それは技術や経験で補っていけばいい。今の自分に何ができるのか、今の自分がどうやったら勝てるのか。実績にこだわらない黒田さんだからこそ、追い求めるボールも自然に変わっていったのだ。

こうやって変化しながらもずっと一流であり続ける黒田さんの姿は、野球の世界に限らず人生の指標となるのではないだろうか。

黒田さんがサンフレから感じたもの

黒田さんのカープ復帰1年目は、優勝候補の一角に挙げられながらも最終的にリーグ４位でシーズンを終了した。

９月には中４日登板を２回も行うなど、気力体力を振り絞り、クライマックスシリーズ出場へ執念を見せた黒田さんだったが、結果としてチームはプレーオフ進出を逃すというまさかの結末となった。優勝の期待が大きかったファンにとってもショックは大きく、さらにファンが気を揉んだのが、黒田さんの去就だった。

シーズン終了後、「完全燃焼した」と語った黒田さんは、現役生活に別れを告げるのか、来シーズンもユニフォームを着るのか、明確な答えが出ていないままだった。

先に書いたように、黒田さんの体は満身創痍だ。その中で２０１５年は11勝８敗、防御率２・55という十分な成績を残したが、実績で野球をしない黒田さんにとっては、そういった数字は支えにならない。来季もプレーするかどうかは、「心」の問題が一番大きかった。

失意のシーズンを経て、黒田さんにもう1年投げるモチベーションが残されているのだろうか。その去就に対してはさまざまな憶測が飛び交った。

ただしかし、今となっては後出しジャンケンと言われてしまうが、私はかなりの確率で黒田さんは現役を続けると思っていた。なぜなら黒田さんにはまだ戦うモチベーションがあったからだ。

黒田さんを根底で支えているのは「反骨心」。優勝しないまま、負けたままで黒田さんが引退するとは思えなかったのだ。

それを確信したのはこの年の12月5日。サンフレッチェ広島がJリーグチャンピオンシップで勝利を収め、3度目のリーグ制覇を果たした日だ。この日の勝利の光景を、私は黒田さんと並んでエディオンスタジアムのメインスタンドから見ていた。

ゲスト用に用意されている室内の観覧席ではなく、あえてスタンドで観戦したのは、黒田さんが日本一を決める優勝争いの空気に直に触れたかったのだと思う。優勝が懸かった試合の緊張感や、それを後押しするサポーターの熱気を黒田さんは静かに、ほとんど口も開かず肌で感じていた。

ホイッスルが鳴り、サンフレッチェの優勝が決まった瞬間も、黒田さんはじっと歓喜に沸くサンフレイレブンを見つめていた。何を思っていたのだろう、何を想像していたのだろう。しばらくして黒田さんは、「じゃ行こか」と短く言ってスタジアムを後にした。私は黒田さんが乗ったタクシーを見送りながら、この人は必ずマウンドに帰ってくると思っていた。

確信は間違っていなかった。その3日後、黒田さんの現役続行の一報が広島を駆け巡る。恥ずかしながら私は家族に、「ほら、言った通りじゃろ！」と、得意満面で言ってしまったのだった。

伝説のシーズンの始まり

カープの歴史に大きな１ページを記すことになる２０１６年シーズンがやってきた。キャンプ、オープン戦を消化して迎えた開幕の前日、黒田さんは囲み取材の中でこんな言葉を口にしていた。

「去年は8年ぶりに帰ってきて新しい野球に入っていく気持ちだった」

黒田さんが日本球界で過ごした最後の2年間を見た今だからこそ思うが、２０１５年と２０１６年の黒田さんの雰囲気はまるで違っていた。

２０１５年の復帰当初はまさに黒田さんの言葉通り。新しい環境に入っていく挑戦者が持つ緊張感や、余計なものを寄せ付けないピリピリした雰囲気が黒田さんを包んでいた。その様子はドジャースのユニフォームに袖を通したメジャー1年目によく似ていたのではないかと思う。

メジャーでの実績から毎試合勝利を期待されるプレッシャー。環境の異なる8年ぶりの日本球界に満身創痍の体で順応していく苦労。2015年は心身ともにギリギリの戦いだったのではないだろうか。

そういった苦しい1年を乗り切り、再び覚悟を持って臨む2016年シーズンを迎えるにあたり、先の言葉の後、黒田さんはさらにこう続けた。

「1年経験して、まわりが見えやすくなっているかもしれない」

黒田さんにとって日本球界復帰2年目は、周囲の期待に応えつつ、多くのものをカープに残していく年になる。

レジェンドからチームメイトに

２０１６年の黒田さんはイタズラが増えた。前年も少しはあったのかもしれないが、この年は私たちの目に見えるところであったり、選手から聞く話であったり、黒田さんがチームメイトにユーモアのあるイタズラを仕掛ける場面が増えたように感じるのだ。

練習開始前の投手陣の輪の中で、さりげなく野村祐輔投手のスパイクに「みかん」を入れる黒田さん。ウォーミングアップから帰ってきた岡田明丈投手が置いていたグローブを手に取るとその中にも「みかん」が入っていたこともあった。岡田投手は黒田さんとの関係をこう語る。

「黒田さんのほうから気を遣ってもらって、しゃべってもらいました」

偉大なベテラン選手が、ルーキーに声をかけ、みずから距離を縮めていく。そんな岡田投手の話を聞きながら私は、かつて旧市民球場の通路で黒田さんにイタズラされ、先輩記者陣の輪に入るきっかけを作ってもらった若き日の自分の姿を重ね合わせていた。

「言い方は悪いですけど、野球を取ったら関西のおっちゃんみたいな」

そう話すのは大瀬良大地投手だ。もはやメジャー帰りのレジェンドは、手の届かない雲の上の存在ではなく、一人のチームメイトになっていた。

理想のリーダー

若手投手と接する黒田さんの姿は、大エースとしてぐいぐい引っ張る昔の姿ではない。後ろから支えてくれるような、このどっしり構える安心感は、もう一つの理想のチームリーダーという印象だ。さらにこの心強いリーダーはその経験から得た財産を、惜しげもなく後輩たちに受け渡していく。

中継ぎで失点し、黒田さんの勝ちを消してうなだれる大瀬良投手には、「気にするな」と切り替えの重要性を説き、ルーキーで先発ローテーションに入り、試合の立ち上がりに苦しんでいた岡田投手には、試合に入るための準備の大切さを諭し、先発投手としての心構えも教えた。

ブルペンでの投球中、後ろにいた黒田さんに「お前、エグい球投げるな」と声をかけられた福井優也投手は、「黒田さんに言ってもらえたことで自分のボールを信じられるようになった」と話していたし、2016年1月にロサンゼルスで黒田さんと一緒に自主トレを行った九里亜蓮投手も、「完璧を求めすぎや」とアドバイスされたことで目が覚めたと貴重な時間を振り返っていた。

私自身、「番組」というひとつのチームに属し、経験の少ない若手スタッフと仕事をすることも増えてくる。チームが強くなるために自分に何ができるのか。そう考えた時、やはりお手本となるのは黒田さんのやり方だ。

まず行動で示し、結果を見せる。口で言うだけなら簡単だが、黒田さんは何よりも自分でやってみせる。それから後輩たちをよく観察する。じっくり客観的に見ることによって、何に悩んでいるのか、どんな壁にぶちあたっているのか的確に問題点を見つけ出す。後は自分の豊富な経験から、その問題を解決するための答えを短く伝えるだけだ。

ただこれは本当に難しい。こうありたいとは思うのだが、実践するためには自身の並々ならぬ努力が必要であることは、黒田博樹という人間を見ているとよく分かる。理想のリーダーには一朝一夕でなれるものではないのだ。

日米通算２００勝

黒田さん自身の話に戻そう。この年のもうひとつの注目は、あと7勝に迫っていた日米通算２００勝だった。勝ち星を積み上げるごとに注目度も増し、カープファンだけでなく、野球ファン全体の話題となっていた。
いつも「目の前の試合に集中するだけ」と答えていた黒田さんだったが、実は200勝に対してしっかり向き合っていたことが分かる言葉がある。

「(日米通算200勝は)あまり意識できてないけど、それでも記録に対してリスペクトしないといけないし」

長いプロ野球の歴史を紡いできた先人たち。その中で生まれてきた数々の偉大な記録。興味がないと言ってしまえば、それすらも否定してしまうことになりかねない。立派な野球人であり、立派な社会人でもある黒田さんは、これまでの歴史のうえに自分たちが存在していることをしっかり理解していた。
加えて、「200勝全部一人で勝ってきたわけではないし」と黒田さんは言う。勝ち星はチーム全員でつかみ取るもの。いくら自分が無失点で抑えても、野手が点を取らないことには勝てないのだ。自分の勝利には必ず野手の頑張りがある。ピッチャーにとって勝ち星はコントロールできないものだとよく言われるが、だからこそ黒田さんは、グローブに「感謝」の文字を入れてマウンドに上がっているのだ。

長谷川良平さんの記録

そんな数ある投手の記録の中で、黒田さんがある程度自分でコントロールできるものとしてこだわっていた記録がある。それが先発試合数の記録だ。

日米通算500試合先発を達成した時、黒田さんは「僕にとって意味のある数字」と素直に喜んだ。長くローテーションを守り、チームに貢献し続けたことを表す最も象徴的な記録である。先発した試合の数だけ、プロとしての準備を行ってきたということ。この記録にはエースとしての責任を人一倍背負ってきた黒田さんの歴史が詰まっている。

そしてもうひとつ偉大な記録を紹介する。

3376と1／3回。

もう何の数字かお分かりだろう。通算投球回数である。一度マウンドに上がったら、最後まで投げ抜くのが真のエース。このカープ歴代1位の投球回数記録は、チーム草創期の小さな大投手、長谷川良平さんが持っていた。黒田さんが関心を持っていた長谷川さんの記録がこれだ。

　この２０１６年の夏、お盆の頃だった。黒田さんと食事をしていた時、この長谷川良平さんの記録について話してくれた。投球回数が多いということは、マウンドにそれだけ立ち続け、エースの責任をより果たしているということ。先発登板数と投球回数は、黒田さんの投手哲学の中で、その価値を示す特別な記録なのだ。黒田さんの生涯投球回数は、日米通算で３３４０と２／３回。残念ながら、半世紀前の大エースにはわずかに届かなかった。

夢のような結末

　２０１６年9月10日の東京ドーム。この日の巨人戦はカープファンにとって生涯語り継がれる試合と言っていいだろう。

「これまでの人生で、あまりこういう試合ではもってない」と話す黒田さんが、優勝を決める試合の先発マウンドに上がり、見事勝利を収めたのは、もはや運命としか言いようがない。

　試合が終わった直後、胴上げの歓喜の輪の中で、盟友の新井選手と涙を流しながら交わした感動的な抱擁。二人がかつて「勝てないエースと打てない4番」と呼ばれたあの頃、この姿を想像できた人がどれだけいるだろうか。もしかすると、当の二人でさえ想像できなかったかもしれない。

「夢のようで、出来過ぎだと思います」

優勝後のインタビューに黒田さんが答えている。チャンピオンTシャツに身を包み、新井選手と並んで終始笑顔だ。この二人が本気で優勝を目指していた時代が過去にも確かにあった。契約更改の席でも自分のことは差しおいて、球団とチーム強化の話ばかりしていたものだ。

しかし、優勝の夢は志し半ば、二人は同じ年にカープを退団。ところがその8年後、同じ年にカープへ復帰し、翌年投打のリーダーとしてチームを25年ぶりの優勝に導いた。

この世の中には本当に神様からのご褒美ってあるんだなぁと思いながら二人を見ていた私は、涙も笑いも止まらない不思議な顔をしていた。

世の中には報われない努力もある。むしろ報われない努力のほうが多いかもしれない。しかしこの日、黒田さんと新井選手の涙の抱擁を目の当たりにして、本当に努力をした人間には、いつか夢のような形で報われる時が来るのだということを教えられた気がした。

引退会見

「事実は小説よりも奇なり」の物語が、最高の結末で幕を下ろした。それからどうもソワソワした感じが自分たちのまわりにあったのは、25年ぶりに味わう「優勝」という慣れない言葉のせいだったのかもしれない。

そうしているうちに2016年のシーズンが終わり、セ・リーグ王者として出場したクライマックスシリーズで快勝。そしていよいよ最後の決戦となる日本シリーズが目前に迫っていた。

10月15日の夜、黒田さんの気心の知れた仲間たちと集まった。食事の後、この頃では珍しく黒田さんも二次会に繰り出し、これから始まる日本一を懸けた戦いに向けて英気を養った。それから3日後の10月18日、夕方の生放送のためスタジオにいた私に、まさかの速報が入ってくることになる。

「黒田博樹引退表明、この後会見」

やはり私はここぞという肝が分かっていない。つい３日前に会っているのに、このタイミングで引退の発表をすることにまったく気づくことができなかった。すでにチームメイトにも報告し、少しすっきりした表情で話すこの日の黒田さんの会見を、会社のモニターでただ見ているしかなかった。

だからこそ、その後の日本シリーズ終了後に改めて行われた黒田さんの引退会見は、是が非でも直接聞きたかった。夕方の生放送までに戻ってくるという約束のもと、番組責任者も快く行かせてくれた。マツダスタジアム１階グッズショップ近くの大きな会見室で、黒田さんの言葉をじっくりと聞いた。

「８回９回、投げられなくなってきて、こういうピッチャーでいいのか？という葛藤を持っていた」

「引き際だけは間違えないように自分自身しっかりやってきたつもり」

この会見は私にとって、黒田さんがどういう存在であったかという確認作業だったように思う。これまで触れてきた黒田博樹という男の信念や哲学が、本人の口から丁寧に語られていっていたからだ。

「そうそう、そんなことを言っていたな」

「やっぱりそうだったのか」

「本当に変わらないな」

私の胸に浮かぶのはこんな思いばかりだ。会見室で黒田さんの言葉を私は一つ一つ噛みしめながら、史上稀に見る大投手となった黒田さんと過ごした15年間の記憶をさかのぼっていた。

最後の晴れ舞台を実況

カープの41年ぶりの優勝パレードが、背番号15のユニフォームの見納めになる。残念ながらあと一歩、日本一に届かなかった日本シリーズも終わり、黒田さんが現役としてマウンドに上がることはなくなっていたので、皆がその最後の雄姿を目に焼き付けようとしていた。

私は広島テレビのスタジオから、黒田さんにエースの哲学を叩き込んだ元監督でもある、ミスター赤ヘル・山本浩二さんとともに、そのパレードと優勝報告会、黒田さんの引退セレモニーを生中継するという大仕事に臨んでいた。

黒田さんが試合で投げることはもうない。この15年間を振り返ると、結局黒田さんの登板を実況できたのは、「あの1試合」だけである。

ただその1試合は、私にとって一生忘れられない特別な試合。あの時期に黒田さんとの出会いがなければ、プロとしての姿勢を学んでいなければ、こういう大舞台で実況をさせてもらえるアナウンサーにはなれなかったかもしれない。不思議な縁だなと思いながら、スタジオの放送席に座っていた。

快晴の平和大通りを、オープンカーを先頭に車列が進む。柔らかな秋の日差しを正面に受ける黒田さんと新井選手のコンビは、沿道の声援に笑顔で応えていた。特に日本シリーズを戦い終えた黒田さんが、驚くほど優しい顔つきになっている。この人はどれほど重い荷物を背負っていたのだろう。

「朝起きた時に、体のどっかが痛くても気にしなくていい」

引退会見で語ったこのような解放感は、なかなか普通の人間が感じられるものではない。プロ野球選手として、はたまたチームのエースとして、長い間背負ってきた責任感や重圧から解き放たれた黒田さんは、実にいい顔をしていた。

マウンドに告げた別れ

パレードが終わり、マツダスタジアムへと移動した選手たちは、優勝報告会でスタンドを埋めたファンと喜びを分かち合った。セ・リーグ優勝ペナントとともにグラウンドを一周すると、黒田さんの引退セレモニーが始まった。

ファンへの挨拶のためマウンドへと促された黒田さんは、そのマウンドをぐるりと避けるように、マウンドの前に立った。ファンへのメッセージには、感謝の想いがと

実に41年ぶりとなったカープの優勝パレード。ともにチームを牽引した盟友・新井選手と同じオープンカーに乗り込み、沿道のファンに笑顔で手を振り続けた

にかくいっぱい詰まっていた。

「世界一のカープファンの前で、ユニフォームを脱ぐことができます」

ファンへの最後の挨拶が終わり、盟友・新井選手から花束が贈られる。新井選手がマウンド上で黒田さんに花束を渡そうとすると、黒田さんが新井選手の足元あたりを指しながら、こいこいと手招きをした。

「マウンドの上はやめとくわ」

こんなメッセージだったと思う。黒田さんと新井選手は、結局マウンドまわりの芝生上で向き合う格好になり、そこで花束が渡された。それから黒田さんの胴上げも行われたが、黒田さんがマウンドのプレート付近に足を踏み入れることはなかった。

黒田さんにとってマウンドは戦いの場。ユニフォームを脱ぐことを決めた自分が立つ場所ではないという思いなのだろう。喜びも苦しみも悔しさも、すべてこのマウンドで味わってきた。そのマウンドをこの日の黒田さんはどういった気持ちで眺めていたのだろうか。

すべてのセレモニーが終わった時、黒田さんはゆっくりマウンドを前にひざまずいた。時間にして33秒。20年間533回の登板に比べれば、ほんの一瞬だ。しかし、その背番号15の背中は、どんな言葉よりも強く感謝の思いを抱えていた。黒田博樹が現役生活に別れを告げた日。偉大な投手が静かにマウンドへ別れを告げた。

メガネの田中
メガネの田中
すき家

ジャパン日本興亜

おわりに

黒田さんに初めて挨拶をした日から、15年が過ぎました。こうして振り返ると、まさに「あっという間」という表現がぴったりの月日だったように思います。右も左も分からず、不安でいっぱいだった20代前半から、世の中のことが少し見えてくる30代後半までの期間。これは社会人生活の中でいう「青春時代」だと私は思っています。その時代、3歳上の先輩である黒田博樹という一人のプロ野球選手と、同じ時間を過ごせたということに、今はただ幸運だったと振り返るばかりです。

この本で追ってきたように、黒田さんの野球人生は初めから順調だったわけではありません。自身に降りかかる苦難や挫折を、まるで少年マンガの主人公のように、一つ一つ乗り越えていきます。

よく、「俺も若い頃、こんな失敗をしてなあ」と得意げに経験談を語る人がいますが（かくいう私もその一人）、それは、今これだけうまくいっているという実績があって、初めて人に言えることなのではないかと思うのです。

黒田さんは違いました。

「若い頃失敗をした」ではなく、

「今こんな失敗してるけど、これから見とけよ」

こういう人なのです。

だからこそ私は、この人の生き方や、その人間性が周囲に与えてきたポジティブな影響を皆さんにお伝えしたいと思い、生まれて初めての執筆作業というものに取りかかりました。

一番のハードルは黒田さん自身でした。本書で紹介しているエピソードは、ほとんど世の中に知られていないことばかり。いわば黒田さんの人間性がダイレクトに出ています。

〝本当に「男気」がある人は、
男気と呼ばれることを良しとはしない〟

いくら数カ月間かけて、何万字書いたとしても、「それはやめてくれよ」と黒田さんに言われれば止めるのが当然です。そうなった場合を想定した時、本書に何度も出てきた広島テレビの先輩末松と冗談でこんな話をしていました。

「黒田さんと、マネージャーの花田さんと末松と私の分、合計4冊をホッチキスで止めて、私たちだけの自費出版にしよう――」

執筆が終盤に差しかかり、書いていた原稿の前半部分は花田マネージャーにお送りしていました。そんな中、黒田さんからある言葉をかけてもらったのです。


「えぇ感じらしいな」


嬉しい言葉でした。自分がどう書かれているかをいちいちチェックするような人ではありません。私がどれだけ本気で黒田さんの本に向き合っているかということを花田マネージャーから聞いて、出た言葉だと思うのです。黒田さんに後押ししていただいたと感じた私は、それから1週間も経たずに本を書き終えました。

今後、黒田さんはどんな人生を歩むのでしょうか。これまでの人生のほとんどを厳しく野球につぎ込んできた人だから、今は少し休んでもらいたいと思います。好きなゴルフや釣り、家族との時間。たっぷりと取り戻してほしいという気持ちでいっぱいです。

「来年投げてると思います。草野球のマウンドで」

大阪人らしくこんな冗談を言う黒田さんですが、やはり野球からは離れられない未来が待っているのでしょう。引退後、食事の席で驚くほど柔らかく優しい表情で私たちを楽しませてくれる姿。しかし、プロ野球中継でゲスト出演してもらった後の席では、「俺だったらこの配球でこう攻めていく」と、野球への真剣な思いを聞かせてくれもします。

こんなワクワクする話を聞くと、アナウンサーとして黒田さんの試合を1試合しか実況できなかった私ですが、放送席で黒田さんと並んで実況する機会がこれから何試合あるのだろうと夢見るのです。

いや、そんな個人的な夢にとどまっていてはいけないのかもしれません。

この先ファンが待ち望んでいるのは、黒田さんが再びカープのユニフォームに袖を通し、チームを優勝に導く夢です。黒田さんの野球哲学が、今後のカープにどういった形で受け継がれていくのかを、これからも見続けたいファンがたくさんいます。

ただ、しばらくの間はユニフォーム姿の黒田さんを見るのは我慢しようと思います。休息を必要とするほどの過酷な戦いを続けてきたのですから。

黒田さんの背中を追い続けた15年間、その間に学んだこと、教えてもらったことが、世の中の多くの人に伝わり、さらに未来の後輩選手たちに伝わることを願ってこの本を書きました。

いつかグラウンドに帰ってくる日。

その時まで、待っています。

黒田博樹　人を導く言葉

エースの背中を追い続けた15年

2017年10月9日　初版発行

著　者　　森　拓磨

発行人　　内田久喜
編集人　　松野浩之

デザイン　清水良洋、佐野佳子
ＤＴＰ　　西本レイコ（ワーズアウト）
校　閲　　株式会社ぷれす
編　集　　新井治、谷口洋一
営　業　　島津友彦（ワニブックス）

協　力　　広島テレビ放送株式会社
　　　　　末松英治（広島テレビ放送株式会社）

発行　ヨシモトブックス
〒160-0022　東京都新宿区新宿5-18-21
電話　03-3209-8291

発売　株式会社ワニブックス
〒150-8482　東京都渋谷区恵比寿4-4-9　えびす大黒ビル
電話　03-5449-2711

印刷・製本　シナノ書籍印刷株式会社

ISBN 978-4-8470-9606-8